読むだけで

不動明王から力《ちから》をもらえる本

羽田守快

大法輪閣

お不動さまが背負っている火炎に、
あなたの想いも心も、
すべて投げ入れてください。

辛いこと、切ないこと、
怒りも、悩みも、愛さえも、
すべてお不動さまの炎で焼き浄《きよ》めてもらう。

だから、日々、
生まれ変われる。
前へ進んでいける。
それが不動信仰なのです。

目次

●カバー絵…染川英輔筆「波切不動明王」（観蔵院曼荼羅美術館所蔵）
●装幀……山本太郎

第一章

不動明王を知るために

お不動さまをご存知ですか

皆さんは、お不動さま（不動明王《ふどうみょうおう》）をご存知ですか？
お正月になると成田山新勝寺《なりたさんしんしょうじ》や東京の高尾山《たかおさん》をはじめ各地の霊場《れいじょう》で火を焚《た》く仏教行事「護《ご》摩《ま》」の様子がテレビで放映されますが、その多くはお不動さまに対して焚かれていることが圧倒的のようです。

お不動さまはそれだけ多くの霊場で祀《まつ》られ、信仰されているのです。
古来、我が国の庶民信仰の仏さま御三家《ごさんけ》といえば、観音《かんのん》さま、お地蔵《じぞう》さま、そしてお不動さまです。
でも、柔和《にゅうわ》でお優しい観音さま、お地蔵さまのお二方に比べると、お不動さまだけがえらく怖いお顔をしています。体の色も黒だったり濃紺だったりして、常の肌の色ではありません。

その上、牙《きば》をむき、鋭い目で睨《にら》んでおられます。手にも恐ろしげな剣と縄を持っていて、さらに背後には轟々《ごうごう》と燃え盛る火炎を背負っています。

その昔、室町時代に渡来したキリスト教の宣教師がお不動さまのお姿を見て大いに驚き、日本人は悪魔を崇拝していると本国に報告したと聞きますが、お姿だけでいえば無理もないかもしれません。

でもお不動さまが怖い顔やお姿をされているのは、何かが面白くないので怒っているのでも、閻魔《えんま》さまのように出来の悪い私たちを罰しようと睨んでいるわけでもないのです。

考えてみてください。人は本当に真剣に誰かのことを考えたら、怖い顔になっていきます。眉はつりあがり、口元はギュッとかみしめるでしょう。

不動明王の立像（浄瑠璃寺蔵）

昔から観音さまをどこまでも慈《いつく》しみ深く優しい母に譬《たと》え、それに対してお不動さまを厳しくも愛情豊かな父に譬えることが多いのです。

真剣に私たちを心配し、考えてくださる仏。それがお不動さまなのです。

お不動さまについて知っておいてほしい、とても大事なことがあります。

それはお不動さまは、どんな時も私たちの味方だということです。

苦しい時も、うれしい時も、悲しい時も。

そしてあなたが何か大きな間違いや失敗で誰からも疎《うと》まれてしまうような時でも、お不動さまは味方です。

もちろん、お不動さまは過《あやま》ちは過ちとして厳しくみそなわすみ仏でもあります。

甘やかしてもくれません。人生の鬼コーチです。

依怙《えこ》贔屓《ひいき》も一切なしです。

でもあなたに対する慈悲は少しも変わらない。それがお不動さまです。

強力で。怖くて。慈悲深くて。どこまでもあなたを見守っている存在。

それがお不動さまなのです。そんな強い味方が欲しくはありませんか？

今いいましたように、お不動さまは決して甘いお方ではありません。

でもどんな苦しい時も一緒に歩いてくださる。誰も味方がいない一人ぼっちの時でもお不動さまはそばにいます。

お不動さまは、お不動さまを信じる人に「影の形に随《したが》うがごとく」付きそってくださると、お経には書いてあります。

信じるということ

お不動さまに興味があるのでこの本を読んでくださっているのだと思いますが、「信じる」というのがわからない……という人が多くいます。

現代人は、確証のないものを信じるのは愚かな行為だと思っているからなのかもしれません。確かにお不動さまはいるのか、いないのかなどは科学的に証明できません。

しかしながら理屈からいえば、確証や科学的データの裏付けがあるものは「信じる」とは言わないのです。

人を信用する時も、そういうものはありません。

たとえば今まで大きなお金を借りてもきちんと返済していれば、そこに信用が生まれますね。だから銀行でもまた貸してくれる。借りてくださいともいってくる。

でもこれは、どこまで行っても信じる世界です。科学的に返済が完了するとわかっているわけでもなんでもないのです。

信仰もこれと同じです。過去に多くの人たちが、長い時代にわたって不動信仰に支えられてきました。

最近になって出てきた新興宗教の神さまではありません。

実は人でも神さまでも、信じるというのは、自分を信じるのと一緒です。

自分がお不動さまを信仰するという感覚を、信じるか否かなのです。

昔、「私には仏さまがいるというのが信じられない。信じたいけど信じられない。どうしたら信じられますか?」と聞かれたことがあります。

「信じられないものは別に信じなくていいでしょう」と答えたら、「エ?」と驚かれました。

何故、「エ?」と驚くのでしょう。「それはですね……」と私があれこれと説教を垂れるとでも思っていたのでしょう。

実は「信じたい」のですね。私にいわせればそれで充分でしょう。

「信じなければいい」という突き放した答えで、はじめて自分が「どうしたいのか」を認識してほしいと思ったのです。

そういうことは、議論しても始まらないのです。

お不動さまがいらっしゃると思うのは、自分の感覚の問題です。

感覚の問題は結論は出ません。

たとえば、この映画は面白い、面白くない。この料理はおいしい、おいしくないなどということは、議論しても始まりません。

基本的にはこれと一緒です。

お不動さまを百回拝んで百回、霊験《れいげん》があっても、それは偶然だといえば偶然でしょう。もちろん、科学的根拠はありませんので、いくら答えが出ても科学ではありません。

でも、私には拝んで答えが出たという「感覚」があるから信仰をしているわけです。理屈を聞いて信仰が始まったのではありません。

私は若いころ、新宗教や他の教えの方々とさんざん議論したことがあります。

でも、その結果わかったことは、誰も理屈で信仰に入った人はいないということです。それが証拠に、いくらいい負かしても、誰一人こちらの信仰に入ろうとするわけではないのです。

なぜなら、信じるということは理屈が先にあってできることではないのです。

だから、腕組みして「理屈で説明していただいて、わかれば信じます」という人には、あれこれ説明しません。

そういう人は、お不動さまでなく理屈を信仰しようとしているのです。

そういう宗教上の教えさえもまず信じてこそ心に入っていくのです。

こんな話があります。私がまだ修行中の頃、ある方から人づてに難病のためのご祈祷《きとう》をしてほしいと頼まれました。

しかし、それはもう末期癌《がん》で、私のような小僧の出る幕ではないので、昔よくお参りに行っていたある霊験のあるお寺を紹介しました。

そこではご真言《しんごん》をずっと唱える「真言念誦《ねんじゅ》」という方法でお祈りしています。

結果、その人はもうかなりの末期癌であるのに、その肉体的な苦しみがなくなってしまった。入院されていた大学病院の医療チームも、しまいには、「もう鎮痛剤はやめましょう。信じがたいが、これはどう考えてもそのご祈祷とかが効いているとしか思えない。痛みのほうは拝んでもらってください」といわれたそうです。

この方は結果的には亡くなりはしましたが、安らかに亡くなったそうです。

この話を聞いて、霊験があった、ご祈祷が効いていたと思うか否かは人それぞれでしょう。

結果的に治らなかったではないかという人もいます。

でもこれは科学でも同じです。いくら科学的に根拠があろうが、効くはずの薬が病に効かないことだってたくさんあるのです。

現実と科学もまた別物なのです。

もちろん、理屈の上ではどうあれ、神仏といえども絶対ということは現実の世の中の展開ではありえません。

ましてやどんなに病が癒《い》えようとも、終《しま》いには死ぬのが生き物の定めです。

でも、お不動さまを信じることで人生が何かしら益《えき》されるのではという自分の「感覚」を信じる人は、手が合わさるのです。

あなたがお不動さまを信じるべきかどうなのかは、誰に聞いてもわかりません。

もちろん、私にもわかりません。ほかならぬ自分の感覚に聞いてください。

明王《みょうおう》とは何か

お不動さまは正確には「不動尊《ふどうそん》」もしくは「不動明王」といいます。つまり「明王」と呼ばれる仏さまなのです。

仏さまのような人という言葉があるように仏さまは優しいお方と相場が決まっているのに、こんな怖い方が仏さまなんて……？　と不思議に思う方も多いでしょう。「明るい王」と書いて明王ですが、では果たしてこの「明王」というのはどういう意味なのでしょう？

そして「明王」という仏さまは、お不動さま一人ではありません。

お不動さまのほかにも明王といわれる方は、実は多数いらっしゃいます。

明王の特徴としては、ほとんどが牙をむき目を怒らせたとても恐ろしい表情で、手には大抵、殺戮《さつりく》の道具である刀や矛《ほこ》あるいは弓矢などの武器を持っています。

そのお姿は半裸形《ぎょう》で、腕や顔や足までもが何本もある異形のお姿もあります。中には髑髏《どくろ》や生きた蛇を身にまとった方もいます。肌の色も普通の人肌の色ではありません。青黒かったり真っ赤なのです。お不動さまなどはいかに恐ろしいお顔をしていても一面二臂《いちめんにひ》（お顔が一つで腕が二本）ですから、まだ明王の中では普通の人に近いお姿であるといえましょう。

仏さまといえば慈悲深いお顔で優しいお姿と思うのが普通です。しかし、このように明王とはどなたも皆、一般的な仏さまのイメージからはおよそほど遠いといっていいお姿なのです。

このお姿の不思議さについては後においおい触れていきたいと思いますが、実は明王は「密教《みっきょう》」といってインドのバラモン教のスタイルを取り入れて成立した呪術的な特徴を持つ仏教の、独自の仏さまなのです。

それより以前にも原型的には存在しますが、なんといっても本格的な明王といわれる仏さまの存在は、密教によって生まれたというべきです。

密教というとその言葉からはなんとも不思議な、そしてどこかおどろおどろしい感じさえしますが、「大乗仏教《だいじょう》」の一種です。六、七世紀にインドで成立した、歴史的にいうと最後に登場した仏教の最新スタイルになります。

残念ながらインドの仏教は十三世紀にはイスラム教などのインド侵出によって衰退し、すでに一度滅亡しています。当然インド密教そのものも伝承されてはいません。遺物として仏具や仏像が残る程度です。

ルーツであるインドでは、このように残念なこととなりました。

しかし密教自体が滅亡したわけではありません。

密教は我が日本で千数百年間息づいていますし、チベット、ブータン、ネパール、モンゴルなどでも独自のスタイルで多くの人々から信仰されています。

最近ではインドでも仏教復興の運動というのがあるようです。実はこれは日本の僧侶などの活躍による逆輸入的存在のようです。

ただ、インドだけでなくアジア全体の大乗仏教を見ますと、多かれ少なかれ仏教はみな密教の影響は受けていると思われます。今は上座部《じょうざぶ》仏教という古いスタイルで仏教を実践しているスリランカなどにも密教がありました。インドネシアのバリ島もそうです。

これはインドから密教が他国に流伝していった過程で、そういう影響を与えたのでしょう。もちろん、東アジアも同様で、中国や朝鮮半島の仏教にも密教的な影響は見られます。

我が国では、真言宗そして天台宗に、密教が仏教の最高峰と位置づけられて伝えられています。また、禅宗や日蓮宗などにも、密教の影響を受けたであろう共通点が色濃く見られます。

お不動さまを真に理解するには、どうしてもこの密教について知らないとなりません。では、その密教とはいったい、どういう教えなのでしょう。

ほかの仏教とはどう違うのでしょうか。

密教《みっきょう》のできるまで

密教の具体的なお話をするには、まずその成り立ち、歴史的経緯について触れておかないといけないと思います。

仏教の開祖であるお釈迦《しゃか》さま（釈迦牟尼仏《しゃかむにぶつ》、シャーキャ・ムニ）が在世《ざいせ》の頃の「原始仏教」や、お釈迦さま入滅《にゅうめつ》後まもない頃の仏教は、世俗の煩悩《ぼんのう》を捨て去って「悟り」の成就《じょうじゅ》のみを願うものでした。それは、基本的には「出家《しゅっけ》」といって、妻子や私有財産を持たない、頭を丸めたお坊さんたちの僧院での集団生活が前提でした。

そして、そういう禁欲に徹した修行をして悟ることの目的は、輪廻《りんね》から「解脱《げだつ》」することです。

ここでいう「解脱」は、大雑把にいって、もう二度と生まれ変わらず完全消滅することをいいます。ですからこの仏教には、二つの前提があります。まず、生命は生まれ変わるという認識です。次には、それは良いことではなく、果てしなく苦しいことであると考えているのです。

現代の我々には、どちらもヒットしにくいかもしれません。

こうした原始仏教のスタイルは、「上座部仏教《じょうざぶ》」として、スリランカやミャンマー、タイなどに今も残っています。

上座部仏教には「在家《ざいけ》」、つまり僧侶ではない世俗の仏教信者もいますが、彼らは悟るのではなく、僧侶の支援をすることなどで福徳《ふくとく》を積み、来世においてはいつか僧侶になって本格的に求道生活をするであろうことを期する、いわば僧侶の予備軍的存在でした。

これに対して仏滅後、紀元一世紀前後に興起した「大乗《だいじょう》仏教」といわれる教えでは、一転して、人としての必要な世間的欲求を満たしながらも、誰でも仏道は成就できると考えたのです。僧侶になることは必ずしも仏教の目的を果たす上で必要な条件ではなくなったのです。

大乗仏教とはそもそも、誰もが乗ることができる大きな船に譬えて「大乗」というのです。

この考えは僧侶でなくても悟りを得ることができると考え、世俗における修行者である「菩薩」という存在を生み出しました。菩薩は大乗仏教の修行者なら誰でも菩薩なのですが、よく知られている観音菩薩や文殊《もんじゅ》菩薩といった方々は、代表的な菩薩です。お不動さまも広い意味では、明王であると同時に菩薩の仲間です。

こうした観音さまや文殊さまのような方々は超人的存在であり、しかもこの世に肉体を持って存在する方々ではありませんが、我々だって大乗仏教を信じこころざせば即《そく》「菩薩」です。

観音さまを見ればわかりますが、お姿を見れば菩薩というのは皆、頭髪も伸ばして髷《まげ》にしていますし、腕や首に飾り物を着けています。これはインド風の在俗の人の姿なのです。ちなみにお不動さまも多くのお像が首飾りを着けています。お不動さまもなかなかおしゃれですね。

これに対し、出家者の代表である「声聞《しょうもん》」と呼ばれる方々は、剃髪《ていはつ》し、飾りなどは一切身に着けない、とても簡素な姿で表現されます。いってみれば質素な身なりのお坊さんです。「出家」とは「在家」つまり在俗の仏教徒ではなくお坊さんということですから、当然ですね。

「原始仏教」では最初にいいましたように、出家者だけが仏教の目的である「解脱」に至れるという考えが強く、これに対し在家の人は仏教を信じ親しみ善行《ぜんぎょう》を行うことで、やがて来世に出家して正式に仏道を歩めると考えました。

この考え方は「上座部仏教」といわれるスリランカやミャンマー、タイの仏教も踏襲しています。

これに対し、現在も日本、中国、韓国、台湾、チベット、ベトナムといった地域でおこなわれている「大乗仏教」では、在家は在家のままで仏教の目的を達することができると考えました。

つまり「大乗仏教」では仏教を学ぶのに出家コースと在家コースのふたつができたわけです。

ただし、大事なことは在家コースを卒業して出家コースに行かないといけないのではないのです。

大乗仏教を信仰している人の中にも、仏教を極めるのには僧侶にならないといけないと考えている人がいますが、たしかに仏教の専門家になるという意味ではそうでしょう。しかし、僧侶にならなければ仏教のほんとうのことがわからないということはありません。

私の寺では基本的に、なるべく在家の修行者に修行していただくように指導しています。

こうした大乗仏教の世俗を肯定する思想は時間とともに拡大して大きな流れとなり、やがて本来の仏教ならざる存在をも取り込んでいきます。

たとえば仏教とは対立的な存在であったバラモン教の神々さえも取り込んでいきます。日本で仏教の守護神とされている毘沙門天《びしゃもんてん》や弁才天《べんざいてん》などは、実は皆もともとはバラモン教の神さまたちです。

また、日本で非常に人気のある大乗仏教の代表的なお経である『妙法蓮華経《みょうほうれんげきょう》』(『法華経《ほけきょう》』)には、「仏典でなくても、世俗の書や異教の聖典であっても、『法華経』を学んだ者の目から見れば、すべてこれを活用することができる」という言葉があります。

これは驚くべき言葉です。

普通、違う宗教同士が出会えば、少なからず衝突します。とりわけキリスト教やユダヤ教、イスラム教などの一神教では、お互いがごく近縁の宗教でありながら歴史上、激しく対立してきましたが、この点、仏教は逆にすべて呑《の》みこめるものは呑みこむという独特の発展をしてきたのです。

これは実は世界の宗教にも稀なことなのです。普通、一神教ではありえません。今でも中東では戦乱の止《や》む様子がありませんが、その理由の一つが宗教の違いです。でも、お互いまるきり違う宗教ではなく、同じ系統の宗教の中で争っているのです。これはとても残念なことです。

「三昧耶戒《さまやかい》」という密教の戒律の中には、他宗教の神々をむやみに軽蔑したり、粗略《そりゃく》にしてはならないとあります。形として礼拝することも構いません。ただし、仏教徒である以上は、教えとしては仏教を信じ帰依《きえ》しないといけないとあります。

ですから私自身も、キリスト教の教会でも新宗教のお宮でも、抵抗なく頭は下げます。祀られている存在に敬意を払うという意味もありますし、まず、他人の信仰に敬意を払うという意味もあります。

大乗仏教は六世紀後半ごろにはバラモン教の呪術的な祭儀をも取り込み、その結果として最終的に生まれたとされるのが「密教」なのです。

なお、ここまで読まれた読者の皆さんの中には、「大乗仏教や密教は、お釈迦さま入滅後に後世の人が勝手につくったもので、お釈迦さまの本当の教えではないのではないか」と思われた方もいらっしゃるかもしれません。確かに大乗仏教や密教は、肉体を持ったお釈迦さまが説かれたものではないかもしれませんが、霊的な次元の存在、宇宙的存在としてのお釈迦さま（それを法身仏《ほっしんぶつ》といいます）が、仏教を形骸化させないために、時空を超えてさまざまに姿を変えて説かれた教えなのです。

話をバラモン教と密教のことに戻しましょう。

バラモン教は、古典的なインドの民族宗教です。インドにおけるもっとも伝統ある宗教です。今日ではバラモン教とは言わず、専らヒンズー教といわれている宗教の古いスタイルです。ヒンズー教もバラモン教も、祭儀や修行により天に生まれ変わって我々より高次元の存在である「デーヴァ」つまり神さまの仲間になることを望む宗教です。バラモン教には、そのほかにもさまざまな世俗の欲求を叶えるような呪術や祈祷法も完備していました。

バラモン教やヒンズー教の神さまは日本神話やギリシャ神話の神さまによく似ていて、ある意味とても人間的で俗っぽいのです。神さま同士が恋愛もしますすし、喧嘩《けんか》もします。時には浮気などもして物議を醸《かも》したりさえもします。

密教はバラモン教の呪術的側面も取り入れながら、そういった神さまになるのではなく、覚者《かくしゃ》たる仏になる道「即身成仏《そくしんじょうぶつ》」を提示しました。

神さまになるのと仏さまになるのとでは、どう違うのでしょう。

簡単にいいますと仏教では、神さまはいまだ輪廻《りんね》の苦をのがれえない存在です。我々より一つ上の世界の存在ですが、仏教では「衆生《しゅじょう》」といわれる、我々と同じ救いの対象なのです。対するに密教の「即身成仏」は、「成仏」といっても亡くなって浄土などに行ってしまうのではなく、この身このままで仏の智慧や働きを具現させる道です。

密教のスタイルは非常にバラモン教的で多くの共通点があるのですが、本質はあくまでまぎれもない仏教なのです。

昔の日本人はバラモン教もヒンズー教も知りません。これらは仏典の中で、異教として知っているだけです。ですから本当のバラモン教やヒンズー教の姿は、日本では誰も知らなかったのです。現代でも一般にはほとんど知られていないといってもいいでしょう。

それなのに、昔の仏教者はバラモン教というと未熟で低レベルの宗教と思い込んでいます。バラモン教は仏典でいう「外道《げどう》」の代表格です。

「外道」は本来仏教以外の教えの意味でしかありませんが、我が国では多分に「邪道」の意味も込められています。

映画の時代劇などでもよく悪人に対して、「おのれ、外道め」などというセリフが出てきます。逆に昔の学者の中には、密教なんてバラモン教に似せた堕落した仏教だというような厳しいことを書いている人もいます。

本来の「外道」という言葉自体は仏教以外の教えという意味ですから、いけないとまでは思いませんが、こうした侮《あなど》りのニュアンスを込めるのは碌《ろく》に知りもしないものを頭から良くないと決めつける誤りであり、注意すべきことです。

確かに外見上は似た部分は多いのですが、バラモン教は「ブラフマン」（梵《ぼん》）という宇宙に存在する神さまの意識と、「アートマン」という我々の内なる聖なる「真我《しんが》」を合一させることを目指します。つまり、宇宙の神性と我々の神性を合わせて「神人合一《しんじんごういつ》」することが目的です。

これに対して、密教ではそうした大いなるもの、聖なるものと我々は、「もともと一つで不可分なのだ」ということを悟るのが大事なのです。もともと一つなので改めてなる必要はないが、それを知る必要はあります。知れば真の姿がそこに現れます。密教の悟りとは、それを知ることです。

密教の目的である「即身成仏」という言葉があります。これは現世でこの身のまま仏になるという意味ですが、もとより我々と仏が不可分ということを知れば、そこには自ずから仏の働きが現れてきます。

ただ、密教の優れた点は、悟る以前に「三密《さんみつ》」という方法によって仏の働きをあらわすことができるということなのです。

従って凡夫《ぼんぷ》である私のような者も、その力によってご祈祷することで、霊験を導き出すこともできるのです。

明王と密教

実際に不動明王を祀る多くのお寺は、ほとんどが密教のお寺であり、そして皆さんの中ではご存知の方もいると思いますが、しばしばそこでは多くの人の祈願に答えるべく、「護摩《ごま》」といわれる火を焚いて祈る密教独自の修法《しゅほう》がなされています。

お不動さまを理解するには密教を知らないといけませんし、逆にいえばお不動さまを理解することは密教を知るということになると思います。

そのくらい密教とお不動さまは密接な関係です。

密教を知る。それはお不動さまを知ることに次いで、この本のもうひとつのテーマでもあります。

そもそも明王の「明」という語は、何を意味するのでしょう。

ここにいう「明」という語自体は「ヴィジヤー」といって、智慧のことです。智慧を養うものは即《すなわ》ち「学問」です。

古代のインドでは、代表的な学問を五種類に分類し、それを「五明《ごみょう》」といっていました。五明とはすなわち、

声明《しょうみょう》……音韻《おんいん》・文法・文学
因明《いんみょう》……論理学
内明《ないみょう》……教理学
工巧明《くぎょうみょう》……工芸・数学・暦学
医方明《いほうみょう》……医学

の五つです。

これらがインドで具体的にどうおこなわれていたのかは、私はよくは知りません。我が国の仏教では音韻を伴《ともな》うお経などのお唱え事は「声明」といいます。一種歌のように聞こえる仏教音楽のことです。でも、これは本来の声明の意味からはだいぶ違うものになっています。ここでは総じて学問の意味から転じて、智慧という解釈で良いと思います。ですから明王とは、「智慧の王」なのです。

お不動さまには、さらに「持明使者《じみょうししゃ》」という別名があります。

「明」は智慧ですから、「持明」とはつまり「智慧を持つ」という意味になるのです。

またこの「明」とは、密教では「真言《しんごん》」をも意味します。

真言とは神秘的な力を持つ「仏の言葉」とされる呪文で、そもそも密教以前においてはその淵《えん》源《げん》は古く「総持《そうじ》」とか「咒《しゅ》」というように表記されてきました。

分けても総持というのは「記憶する」という意味でもあるのですが、これらは記憶して随時《ずいじ》唱えることが要求されたゆえにこの語があるようです。さらにはもともと総持とはお経の意味を全てギュッと濃縮したもの、つまりは呪文を唱えることでその功徳のすべてを保てるということからこのいい方があるのではないかと思います。

インドの原語では、真言は「マントラ」、総持は「ダーラニー」といいます。

漢字で音写すると、それぞれ「曼怛羅《まんたら》」、「陀羅尼《だらに》」と書きます
つまるところ「明王」とは、真言のパワーを神格化した仏であるということもできるでしょう。

お釈迦さまとお不動さま

我々日本人は仏さまといえば、まず「お釈迦さま」が頭に浮かぶのが普通です。お釈迦さまは仏教の開祖です。

紀元前五百年ぐらいに実在された方で、本名はゴータマ・シッダールタと申し上げ、北天竺《きたてんじく》（北インド）のマガダ国（現在の地理ではネパール国内の地域と推測される）のシャーキャ族（釈迦族）の王子としてお生まれになりました。が、人の一生が誰でも等しく苦に満ちていることを看破《かんぱ》し、出家され、その苦からの救いである「悟り」を得られてブッダ（仏陀）と成られ、さらにその悟りを得るための教えを人々に説かれた聖者です。お釈迦さまは、正式には「釈迦牟《む》尼《に》仏」といいますが、これはインドの原語でのお釈迦さまの尊称「シャーキャ・ムニ」（「釈迦族の聖者」の意）を漢字で音写したものです。

さて、一番初期の仏教（原始仏教）では、この人間であるお釈迦さまをお手本としてその教え

が学ばれていたことはいうまでもありません。

やがてお釈迦さまが亡くなると、もはやお釈迦さまはどこにも存在しない、生まれ変わることもなく完全消滅を果たした存在として、その教えのみが崇《あがめ》められました。

なぜなら前に述べたように、初期仏教の理想はもう生命として二度と生まれ変わり死に変わりしない（解脱《げだつ》）ということだったのです。その背景には、生存そのものが苦しみ以外の何物でもないのだという思想がありました。

この考えは、現代ではかなり奇妙なものかもしれません。第一、生まれ変わりがあるとも思っていない人のほうが多いでしょうね。

よしんば、生まれ変わりが本当にあるなら、嫌うどころか喜ぶべきだと思う人もいることでしょう。

以前、チベットの少女がテレビに出ていて「死は怖くないです。なぜならまた生まれ変われるのだから」といっていました。

チベットのように自然が厳しく、無理やり他国の制圧下におかれている所でさえそう思うのですから、お釈迦さまの頃と現代ではその辺の感覚は大いに違うでしょう。

話をお釈迦さまのことに戻しましょう。

タイやミャンマー、スリランカで信仰されている「上座部仏教」では、今でも「もはやお釈迦さまはどこにも存在しない、生まれ変わることもなく完全消滅を果たした存在である」と考えます。

上座部仏教は、原始仏教のスタイルをなるべく踏襲しようとするもので、先に述べた「大乗仏教」とは異なる仏教です。

「上座」とは解脱を目指して修行するお坊さんたちのこと（長老ともいう）で、上座に対して一般信徒は、功徳《くどく》を積んで来世はその予備軍となることを目指します。

上座部仏教では、お釈迦さまはもちろん偉大な先人、尊敬すべき対象として大事にされていますが、お釈迦さま自体は厳密にはもうどこにも存在しないと考えます。生まれ変わりの輪からも脱し、完全に消えてしまった存在なのですから。

ですからお釈迦さまの仏像は、仏陀の教えに心を馳《は》せたり敬意を表わすための存在であり、仏さまに向かって何かを祈ったり願ったりはしません。

対するに大乗仏教では、お釈迦さまは、亡くなっても決して消滅したわけではなく、肉体を脱して、本来の神通自在《じんづうじざい》の偉大な宇宙的存在に帰ったのだと考えられてきました。

この宇宙的な存在が「法身仏《ほっしんぶつ》」という仏の在り方です。わかりやすくいえば「法身仏」とは宇宙全体をそのままに仏さまととらえる考えです。

「法身」の「法」というのはダルマという「存在」を表わす言葉の訳語です。ここにいう存在とは、わかりやすくいえば宇宙全部です。

「宇宙即《そく》仏」の考えが法身仏の概念です。

つまり、実はお釈迦さまの正体は、宇宙そのものの存在＝法身仏であって、肉体を持ってこの世に生まれた歴史上のお釈迦さまは、法身仏の化身である「応身仏《おうじんぶつ》」と呼ばれる存在だったのだ……という解釈です。

「応身仏」とは世の中に応じて出現される仏さまの意味です。

上座部仏教に比べると、この考えはかなり神話的ですね。

もちろん、対するに上座部では歴史上の仏陀以外の存在は認めません。

しかし、大乗仏教ではあくまで仏陀はそのような宇宙的存在、「宇宙仏」として考えられています。

前述しましたが大乗仏教では、別にお坊さんでないと悟れないとか解脱できないとは考えません。また、解脱の意味もそんな完全に存在が消えてなくなるというのではなく、宇宙に満ちている悟りの智慧と一体になっていくということで我々が苦から解脱できるのだと考えました。

そして大乗仏教では仏は消滅するどころか、何回もいろいろな姿で地上に降りてきては我々を導いてきた存在なのです。「入滅」や「涅槃《ねはん》」つまり完全消滅を、お釈迦さまはしないのです。

時にはお釈迦さまは、過去世において動物や鳥だったこともあるといわれています。仏教的には動物や鳥は「畜生《ちくしょう》」といって我々より境涯《きょうがい》（境地、心のレベル）の低い存在といいますが、お釈迦さまはもちろん境涯が落ちたわけではなく、我々衆生を教化するため、必要性によってさまざまな姿に生まれてこられるのです。

お釈迦さまの前世話は「ジャータカ」とよばれて、その中にはそういうお話がいっぱいです。

お釈迦さまの立像（インド）

この考えは日本で神道《しんとう》と結びつき、即時《そくじ》の発展を遂《と》げ、「権現《ごんげん》信仰」というものさえ生みました。権現とは、仏の化身という意味です。神道の神々はもちろん、特定の人や動物、大木、巨石、山なども、仏の化身であるとみなされたのです。

スゴイですね。そこらじゅうが仏さまだらけなのです。

でもこれが歴史的には、我が国でいう仏陀の一つのスタイルになっています。ですから、さまざまに生まれ変わってもお釈迦さまはもはや輪廻に流されているのではありません。業《ごう》によって輪廻転生《てんしょう》するのではなく、衆生救済のために意識的に輪廻しているのです。これらは全て「応身仏」といっても間違いではありません。

輪廻の波をサーフィンでもするように仏さまは自在に渡っておいでになります。こんなにしてまで我々を導く「宇宙の覚体《かくたい》」ともいうべき仏さまが存在するのですから、当然その手伝いをする人たちも必要です。

観音さまやお地蔵さま、獅子《しし》に乗った文殊《もんじゅ》菩薩や白いゾウに乗った普賢《ふげん》菩薩など、彼らは皆そういう仏さまのお手伝いなのです。

そしてもちろんお不動さまもそうなのです。お不動さまは別名を「不動如来使《にょらいし》」といいますから、まさに如来の使者なのです。

お不動さまは本来は色が青黒く、そもそも「奴僕《ぬぼく》の相《そう》」といって奴隷《どれい》階級の姿だといわれています。

これはもともとドラヴィダ系といわれる人々の姿がモデルなのだといいます。ドラヴィダ人はインド大陸の先住民ですが、のちに西北からやってきたアーリア人の勢力におされて社会の中では彼らの下位の存在として扱われました。ドラヴィダ人は背が低く、色が黒く縮《ちぢ》れ髪で手足が長いなどの特徴があったそうですが、これはお不動さまにもみられる特徴です。アーリア人は紀元前十五世紀という大変な昔に中近東から各地に分散した民族で、現代のヨーロッパの人々などもその系統に連なるといいます。

そして仏であるお不動さまがなんと、本来「残食《ざんじき》」といって我々の残飯を食べる存在とされているのです。

極端なことをいえば、お不動さまは当時のインドでは奴隷の姿をした仏だったのです。至高の存在が最下層の姿で現われているのがお不動さまです。

なんということでしょう。世の中に密教の思想ほど驚かされるものはありません。

大日如来《だいにちにょらい》の化身

不動明王はいま申し上げたように「如来の使者」ですが、同時に「如来の化身」でもあります。

大日如来

仏教の中でも密教にはたくさんの仏、菩薩、明王が登場しますが、単なる多神教ではなく、これらは究極的には皆一つの仏の化身なのです。その「一つの仏」とは、前述した法身仏、宇宙仏のことです。

よく「観音さまを信仰しているのですが、加えてお不動さまも信仰したら、仏さま同志が喧嘩しますか?」というようなことを聞く人がいますが、仏さまはもともと一つですから、喧嘩などあるわけありません。

さて、仏教ではふつう信仰の中心は釈迦牟尼仏、つまりお釈迦さまですが、密教では「大日如来」といわれる仏になります。

この大日如来はお釈迦さまと別の仏ではなく、同体です。お釈迦さまの密教におけるすがた、それが大日如来だと思ってかまいません。ただし、水と氷が同じといえば同じだけど違うといえば違うように、本質は同じだけど現われ方が異なるのです。

ともかく、密教では、この大日如来が中心となります。

そして、お不動さまは密教の仏ですから、お釈迦さまではなく大日如来の化身であると説かれます。

大日如来は文字通り太陽に譬《たと》えられるほとけですが、大という字がついているように、その太陽さえも超越した存在とされています。なぜなら太陽光線は日陰をつくりますが、この大日如来の太陽には日陰ができないとされているのです。だからただの太陽ではなく、偉大なる太陽「大日」なのです。

太陽系だけではなく宇宙すべてをどこまでも遍《あまね》く照らす、おおいなる光のイメージなのです。

たとえば太陽が天空の真上に登れば、ほとんどのものは影ができません。

それ以上に及ばないところのない光、それが大日如来です。

大日如来とはどこにでも存在する宇宙そのもののイメージです。たとえ何億光年のかなたであろうが宇宙と別に存在するのではないのです。

つまり、前述した「法身仏」、宇宙的存在としてのお釈迦さまが、密教では「大日如来」というかたちで説かれるのです。

さて、そんな大日如来のお姿は、如来でありながら菩薩形で表わされることで知られています。

如来なのに、在家の修行者である菩薩の姿をしており、宝冠や首飾りや腕輪をつけているのです。

ふつう如来さまのお姿は、お釈迦さまの一般的なお姿をモデルにしていますから、飾らない一枚布のような衣装に螺髪《らほつ》という独特の縮れた髪型、そして肉髻《にっけい》といって頭頂が盛り上がりあたかも髷《まげ》のようになっています。また、菩薩のように首飾りや腕輪などはしません。

こうした簡素なお姿が、一切の執着や煩悩を離れた悟りの姿だと表現されたのでしょう。

なお、実際の歴史上のお釈迦さまは、お坊さんのように頭を剃《そ》って丸めていたようです。考えてみればお坊さんの頂点にいらっしゃるのがお釈迦さまですから当たり前ですね。このお坊さんスタイルは「沙門《しゃもん》」といって、出家した人の特徴でした。インドでは仏教以外にも多くの宗教で出家した専門の修行者はこうしたスタイルをとっていたようです。

ちなみに現在のヒンズー教でも出家者はこのような姿をとります。

大日如来は五智宝冠《ごちほうかん》という如来の智慧の冠を冠《かぶ》り、天の衣をつけ、瓔珞《ようらく》といわれる首飾りや腕《わん》釧《せん》といわれる腕輪で美しくきらびやかに身を飾っています。

これはそのまま宇宙の荘厳《そうごん》さを表わしているのです。立像《りゅうぞう》はほとんどなく坐像《ざぞう》で表現されます。つまり大日如来は宇宙そのものですから、もとよりそこに坐しておられる仏なのです。

大日とは天空にある太陽よりも優れており、陰日向《かげひなた》なくあらゆるものを照らす仏の力を表わした言葉です。「遍一切処《へんいっさいしょ》」といい、いかなるところでも大日のましまさぬところはないのです。

一般的な如来のお姿のほうは、極力簡素にして、いらないものはすべて取り去る。そうすることにより本物が見えてくる仏教の在り方を示しています。

お不動さまは、この大日如来の「教令輪身《きょうりょうりんじん》」とされています。

つまり、どんな人も救わずにおかない大日如来の、厳しいお姿がお不動さまなのです。

さて、密教以外の仏教は、密教の立場からはすべてひっくるめて「顕教《けんぎょう》」といわれます。顕教とは、顕《あら》わな教えの意味です。

対するに「密教」は読んで字のごとく「秘密」の教えですが、密教はその作法も、厳密に資質を見極めた弟子に阿闍梨《あじゃり》というマスターから伝授されないとおこなってはならないとされています。

もしそれを無視すれば、極めて悪いカルマ（業《ごう》）を作るといわれてきました。

ですから本や文献などで勝手に修することはできないしろものです。

阿闍梨の資格のない指導者からも授かることはできません。

顕教は指導者は必要ですが、比較的誰もが即時におこなえるものです。「懺悔《さんげ》」「礼拝《らいはい》」「称名《しょうみょう》」「禅《ぜん》」といった修行法がありますが、これらは特別な資質を問うことなく求道《ぐどう》に熱心であれば指導者に指導してもらえる教えです。

顕教はいずれもまず執着しているものをどこまでも手放すということが基本です。そして誰もが本気でその気になりさえすれば方法を会得《えとく》して直ちに実践できる道です。

たとえば「白骨観《はっこつかん》」という瞑想がありますが、これはどんな美男・美女でも死んでしまえば容色《ようしょく》を失い、肉体は腐敗して野犬や鳥にむしばまれ、ついには野辺《のべ》の白骨となるというのを順次観想していく方法です。

これは色欲に執着するのを絶つのによい方法といわれています。

また同様に食べ物が腐敗していくのを観想して、食欲に対する執着を絶つ方法もあります。

それから礼拝行《らいはいぎょう》といって、何度となく体を地面につけるようにする「五体投地《ごたいとうち》」という礼拝を繰り返して滅罪を祈る方法もあります。この礼拝は密教でもおこなわれますが、もともとは顕教の修行です。

私たちが普通にお経をあげたり、お寺で坐禅を組み、呼吸に合わせて数をかぞえ精神御統一をはかる「数息観《すそくかん》」というやりかたも、すべて顕教的な修行法です。

密教は秘密の教えという意味ですから、ほとんどがそのやりかたを口で説明されてできるような単純なものではありません。複雑で習得にトレーニングがいりますし、またその人に「密教」

という仏道へのアプローチがふさわしいかどうかがまず問われるのです。

もちろん密教でも、ひたすら繰り返し繰り返し真言を唱えていくのみのように誰にでも可能な範囲の修行もあります。しかしもし専門的にやるとなると、今あげたような条件がクリアされないとなりません。

こういうと顕教より密教のほうが大変なのだと思うでしょうが、しかしながらその思想は宇宙は本来「大日如来」そのものであり、いってみればすべてが本来清浄《しょうじょう》で完全であるという、こういってはなんですが見方によっては大変楽天的で開放的なものなのです。

そしてお不動さまはその大日如来が最も我々に具体的に働きかけるためのスタイルなのです。

かんながらと密教

庭園で譬えていえば、よく掃き清められて塵《ちり》一つ、落ち葉一つないのが顕教的な庭なら、落ち葉もチラホラあるかと思えば、あちらこちらで野花も咲いているというのが密教的な庭というべきです。前者の代表的なのが禅宗の岩と小石だけを敷き詰めて作る庭園でしょう。研《と》ぎ澄まされた瞑想の境地のように余計なものは一切何もありません。

密教式の庭園というのは特にはないようですが、古い密教寺院では苔むした岩や春は桜、夏は木陰、秋はもみじ、冬は雪景色や常盤木の類を楽しむように作ってあることも珍しくありません。この「そのまま」を神聖とみなす密教的な感覚は、我が国の神道の思想「かんながら」ともよくマッチして、この点を通して仏教と神道は、明治時代に「神仏分離令」が発令されるまでは、極めて密接に関わってきました。

何よりも大事なのは、この二つの宗教はお互いの共通点を努めて見出し、認めあってともに進んできたことです。

これは世界的にも大変珍しい素晴らしいことです。

仏教と神道の許容力は、世界の宗教の中でも抜群というべきでしょう。

同じ宗教なのに僅《わず》かな違いでも邪教だと相手を決めつけ殺し合うなどということは論外です。

「かんながら」とは天体や自然の山や海、川、樹木や岩、あるいはそこに生きる鳥や動物などにもそのまま祖霊や神々を見出す思想です。

巨石信仰や神木信仰、そして霊山信仰も本来が「かんながら」です。

「かんながら」は漢字では「惟神」とか「随神」と表記され、神のまにまにという意味です。

また、日本神話には多くの動物が出てきますが、蛇、兎、猪、烏《からす》、鳶《とび》やサメなどどれも日常的な生き物が多く、西洋各地の神話に見るユニコーンやペガサス、ドラゴンのような神話的動物はあまり出てきません。つまり我々日本人は、決して特別ではない普通の生き物の中に神秘性を見出していたのです。

こうした自然をそのまま神秘として神聖視する「かんながら」の思想は、今日でも「修験道《しゅげんどう》」といわれる教えの流れの中に強く残っています。修験道は仏教にも神道にも存在する山岳信仰に始まりますが、仏教系の修験道にも祝詞《のりと》を唱えたり御幣《ごへい》を飾るなど神道的な部分が重要視されていますし、神道系の山岳信仰にも般若心経や真言を唱えるなどの仏教的な色合いが濃厚です。こういう在り方を「神仏習合《しんぶつしゅうごう》」といいます。

神仏習合はさきほどもいいましたが明治政府が「神仏分離令」によっていったん廃止しましたがその後、敗戦で宗教の自由化が進み最近では再び大きな流れとなりつつあるようです。最近ではお宮でも「○○大権現《だいごんげん》」といったり、「稲荷大明神《いなりだいみょうじん》」というところがありますが、明治の神仏分離令では「権現」や「明神」はもともと仏教的な神祇《じんぎ》の呼称として禁止されました。

今ではそのような命令などあるわけもなく一切自由なので、歴史的経緯からそうした古い呼称を使うお宮も出てくるのでしょう。

これは旧に復する自然な流れだと思います。

それでも歴史ある神仏習合の霊場でありながら歴史的経緯を無視し、明治政府の遺物である神道一色の形を強固にとおしているところもあるようです。こんな話を聞きました。

あるお宮で般若心経を上げていたら、いきなりそこに参拝に来た人から「お宮でお経を上げるのはいけない」と注意されたという話も聞きました。

来歴からいえばそこはもともと仏教的霊場ですし、大声で上げているのでないなら何を上げても自由だと思いますが、そういう人もいます。

「ここは本来仏教の霊場なのでお経を上げてもいいのでは？」と話しても聞く耳持たず、「そんなのは駄目だ！」の一点張りだったそうです。

神社の人なのかといえばそうではなくただの参拝者だそうで、ずいぶん乱暴な人もいたものです。

宗教の独自性を護る上からそうする必要があると思うのかもしれませんが、もともとが習合系のお宮なのですから信仰の来歴とかみ合わず「ちぐはぐ」なのは否めません。

そもそも明治政府は「三条の教則」というのをつくって日本中の宗教を統一しようとしていたのだからあきれます。

でもこれは出雲《いずも》大社や本願寺などが猛烈に反対して実現しませんでした。

よく日本は明治になって「文明開化《ぶんめいかいか》」したなどといって、日本を明治に導いた「維新《いしん》の志士《しし》」のドラマなどが人気ですが、この考えは私は必ずしも賛成しません。

日本にだって素晴らしい文化や文明があったのです。事実、江戸は世界有数のインフラの整備された清潔な大都会でした。それをいうなら「文明開化」ではなく「西洋化」でしかありません。

宗教においては西洋のキリスト教にならって、日本を神道で一本化しようとするという暴挙を企《くわだ》てたのも明治政府です。海外に戦争を仕掛けだしたのも明治政府以降のことです。

日本は「大和の国」つまり「和の国」であるべきが、欧米のよくないところまでも見習ってしまったのです。

そして宗教的には、もう少しで隣国のやった「文化大革命」のような取り返しのつかない愚行をするところでした。

そうした神仏習合が今でも脈々と生きているのは、先に申し上げた「修験道」です。

修験道も明治維新の後、いったんは廃止されました。しかしこれもそう時を待たずに立派に復活しました。

修験道とは日本独自の山岳宗教のことです。神道ではこれを「御山参り《おやままいり》」などといいますが、修験道という呼称自体は仏教系のものです。

古代の神道では山は御神体《ごしんたい》であるから登ってはいけないという考えが主流でした。仏教ではだからこそ登らないといけないと考えました。山の神さまにお会いしてそのエネルギーを頂きに行くのです。

宗教文化的には神道系、仏教系両方とも修験道として一緒に扱われていることのほうが多いようです。

修験道は仏教なくしては語れませんが、それでも一般の仏教のイメージと異なる点はいろいろあります。まず、第一に昔は、修験者《しゅげんじゃ》（修験道の行者）＝「山伏《やまぶし》」は、剃髪《ていはつ》したスタイルもありましたが、それとは別に「総髪《そうはつ》」といって髪を長く伸ばした人が少なくありませんでした。歌舞伎《かぶき》の「勧進帳《かんじんちょう》」には山伏姿の義経《よしつね》一行が出てきますが、皆剃髪はしていません。これはお芝居だからではないのです。

前者は出家者で寺に住み「清僧《せいそう》修験者」といい、剃髪したうえ妻帯しませんでした。後者は在家のスタイルを大事にしました。したがって剃髪はしません。

総髪といって髪を長く後ろに伸ばしたスタイルは、江戸時代には修験者と軍学者の髪形として定着しました。

また、修験者は戦国時代には忍者でもあることもあり、諸国を巡り諜報《ちょうほう》活動をしたり、刀や棒術など武術のたしなみも深かったようです。

一部が忍者の化けた修験者だったというのではなく、そこはかぶっていたのです。宗教者が戦争に加担するのはおかしいですが、自分の信ずる諸侯《しょこう》に仕《つか》え世の中を平定するというほかに当時としては選択の道はなかったのだと思います。

修験者だけでなく一般の僧侶さえも皆、戦争に巻き込まれた時代です。

一向宗《いっこうしゅう》（現在の浄土真宗）の本願寺などは、武装して一個の武将の領国のような存在だったと聞きます。その代表は「顕如上人《けんにょしょうにん》」です。

これは余談ですが、以前ある本を拝見したところ、顕如上人をただの戦争で利を占めるくだらない人物のように酷評して書いてありました。

我々は現代の平和な環境の立場から、そのようなことをいうのはたやすいかもしれませんが、誰もが戦争とは離れていられないその時代ということを考えれば、これは一面だけで物をとらえるとても残念な批評だと思います。

誰でも平和な時代に生きたいでしょうが、そうはいかないのが歴史の残酷さです。

一向宗は今の浄土真宗に当たりますが、その時代において、織田信長はじめ他の大名《だいみょう》の圧迫をも退け、門徒《もんと》である民衆が自主独立の自治を確立した刮目《かつもく》すべき存在であり、それも顕如上人の宗教者としても優れた指導力の賜物ではないかと私は思います。こういう批評は時代背景を考えずにいえるものではないと思います。

石山本願寺は、比叡山を焼き滅ぼし諸国を悉《ことごと》く蹂躙《じゅうりん》し「第六天魔王《だいろくてんまおう》」と名乗った織田信長も攻めあぐね、朝廷《ちょうてい》に仲裁してもらったのは有名な話です。

さて、話を戻しますが、密教の根本的本尊である大日如来も、修験道ではとてもよく信仰されています。

有名な修験道の一大聖地である大峰山系《おおみねさん》にも、その名を冠した大日岳《だいにちだけ》という霊山があります。そして同じような山名は石川県の白山連峰《はくさんれんぽう》や新潟県の八海山《はっかいさん》、富山県の立山《たてやま》連峰など各地にもみられますが、これらは皆、修験道の聖地として信仰されてきた山々です。

そして修験道では大日如来以上に、お不動さまを重要な仏として尊崇します。実は修験道では修行者はお不動さまと一体になることが修行の目的といっても間違いではありません。

面白いのは、お不動さまは我が国では仏さまというより神さまとして信仰されているケースが少なくないことです。これも神仏習合思想の結果だと思います。

たとえばお不動さまのお堂の前に鳥居《とりい》があったり、お供《そな》えとしてお神酒《みき》や魚などを上げる地域もあります。また不浄はいけないということで忌中《きちゅう》にはお宮同様にその間は参らないというところもあるようです。

一方で仏教の「十三仏信仰《じゅうさんぶつ》」では、人が亡くなって初七日まではお不動さまが守ってくださるといいますが、この話などは真逆《まぎゃく》で、お不動さまは完全にお宮の神さま扱いです。

私も一年間だけお不動さまのお堂をお守りしたことがありますが、この間はその町の人々から「住職」でなく「太夫《たゆう》さん」と呼ばれました。

太夫とは本来、神主《かんぬし》や陰陽師《おんみょうじ》などをさす言葉です。

このように我が国では、お不動さまには神さまとしての顔もあるのです。

山伏《やまぶし》はお不動さま

もう少し詳しく修験道のお話をしますが、そういうわけで修験道のご本尊《ほんぞん》は、つきつめればお不動さまなのです。

もちろん、修験道では山岳信仰が不可欠ですから、そこの山の神というものがそのまま本尊ですが、これは山によってまちまちです。

俗に「四十八ヶ山大権現《しじゅうはっかさんだいごんげん》」といって、有名な霊山の本尊はそのくらいあるというのですが、

山伏（大峰山）

ちょっとした霊山の神さまも入れれば、四十八どころか、実際はもっともっと数限りなくあります。

そこで、そういう山による区別なく修験道の本尊というと、お不動さまになるわけです。

お不動さまはインド生まれですから、インドの原語のお名前があります。それを梵名《ぼんみょう》というのですが、お不動さまの梵名は「アチャラ・ナータ」といいます。

アチャラは動かないという意味、ナータは守護者という意味だそうです。

日本人の感覚では、動かないものの代表は「山」です。つまりお不動さまはもともと、「山の神」なのです。

つまり、インドならぬ我が国の修験道でも「山の守護者」お不動さまはそのまま山の神の代表格であるとされるのは、最も自然なことでもあります。

余談ですが、日本ばかりでなく中国の風水《ふうすい》思想でも、動かないものは「山」といいます。動くものは「水」といいます。

風水でいう「水」は、つまり河川だけでなく道路や人の行来《ゆきき》などがすべて「水」になります。

私の亡くなった師匠は祈願寺《きがんじ》（ご祈祷専門のお寺）の住職でしたが、青少年時代は愛媛県の霊山・石鎚山《いしづちさん》で錬行《れんぎょう》した修験者でした。

私は師匠から密教だけでなく修験の秘法の数々を教えていただきましたが、「火伏《ひぶせ》祈祷」というのを伝授された中で、「《バン》水口《すいこう》」という呪文を教えられました。「《バン》」は水を表わす梵《ぼん》字《じ》ですが、この「水口」というのは本来、風水の用語です。

「火伏祈祷」とは家屋が火災などにならないようにするご祈祷のことですが、山伏が野外で「柴燈護摩《さいとうごま》」というのを焚《た》いて「火渡り」する時にもこれを使います。術で火力を抑えるのです。

私は修行時代、炉《ろ》の上に紙製の天蓋《てんがい》（お堂を荘厳《しょうごん》する飾り）を吊《つ》って護摩を焚かされました。この天蓋を燃やさないように二十一回護摩を焚くのです。そうして最後には「火伏の術」でまだ残り火のある護摩炉の中に手を入れて、火傷《やけど》しないと初めて合格でした。

これをやった時に師匠から「行者の世界でいえばやっと小学生レベルになった」といわれ、そして「もし、あんたがこの術ができなくなった時にはご祈祷もできなくなったと思え」といわれたものです。

火伏の術はいろいろ流派によって何通りもありますが、修験者は皆この術をもって「火渡り」をします。

これも自らの術の確認のためにするのです。

とりわけ日が落ちてから火渡りをする時は、燃えさしの護摩木の火が真っ赤に見えて、かなりの迫力です。

そんな時でも修験道の行者は、自らが不動明王であり、「火生三昧《かしょうざんまい》」にあると観想します。「火生三昧」とはお不動さまが燃え盛る炎を背負っていることからいわれる、お不動さまのお心の境地のことです。

修験道の行者＝修験者《しゅげんじゃ》は、「山伏」の別名で知られますが、山伏には独特の装束《しょうぞく》があります。

山伏は時々時代劇に出てきます。あるいは歌舞伎の「勧進帳」でも山伏が出てきますね。でも、現代にも山伏はいます。そして今もほとんど変わらぬスタイルで彼らによる修行はなされているのです。東京や大阪のような大都会では見慣れないでしょう。

昔、役所広司《やくしょこうじ》さんが主演のＮＨＫドラマの「宮本武蔵」に、私含め師匠の一門が山伏役で出ましたが、修験装束の我々を見て、行きかうテレビ局の人たちはひそひそと「あれ、山伏だ！」「役者だよ。今どきそんなのいるわけない」「そうだよね」などといっていました。

なにせ「山伏」ですから、山以外の場所には用がないのが山伏です。

もちろんこうした山伏は現代では普段は町で普通に働く人であったり、専門的には祈祷寺院の住職もいますが、江戸時代のように回国《かいこく》修行の人というのはないでしょう。そして彼らは入峰《にゅうぶ》（峰入り、山に入って修行すること）となると、いそいそと修験装束に身を固めて出かけていくのです。

現代の山伏は、普段は普通の家庭を持つサラリーマンや市井《しせい》の商人であったり、あるいは公務員や祈願寺の住職であったりと、実に様々です。

山伏はまず、頭の上に「兜巾《ときん》」（頭巾）という帽子のようなものを着けています。

これには八つのヒダがあり、黒く塗られています。

これは不動明王の頭のてっぺんにあるという蓮華を表わしています。

蓮華は普通ピンクや白ですが、兜巾は黒いのです。

理由をいいますと、これは《カーン》というお不動さまの象徴である梵字を表わします。これを「種字《しゅじ》」といいますが、お不動さまの種字はカーンという字です。
《カーン》字は「風」の象徴です。ここでいう風は自然界の風ばかりではなく、むしろ万物の息吹《いぶき》や我々の煩悩《ぼんのう》の黒雲を追い払う風です。風そのものは目に見えませんから、雲が流されていること

とで「ああ、風が吹いているのだな」とわかります。だからその色は黒い雲の色なのです。

この《カーン》字は、お不動さまそのものでもあります。このカーン字を拝んだことになります。

むしろ、こうした梵字の本尊は、密教ではお像より深秘《じんぴ》な本尊なのだといいます。

仏像のいろいろなお姿というのは一つの表現ですが、仏という存在に本当は決まった姿などはありません。つまり、お不動さまの働きを理解しやすく表現したのがお不動さまのお姿にほかなりません。

キリスト教の人などは尊像《そんぞう》を祀ることを「偶像崇拝」として批判しますが、別段、仏像が即《そく》お不動さまというわけではないのです。

さて、山伏の姿を見ていくと、ほかにもお不動さまを表わすものがあります。腰につけた「貝《かい》の緒《お》」という縄がありますが、これもお不動さまの左手に持つ「羂索《けんざく》」に通じます。これはかつては実用的なもので、山登りのザイルとして活躍しました。

今は象徴的な意味合いが多く、販売されている貝の緒はほとんど実用品ではないようですが、お不動さまの羂索は「四摂方便《ししょうほうべん》の羂索」といって我々衆生が苦難の谷底にいるのをこれで上へ引き揚げてくださいます。山伏の身に着ける貝の緒も、衆生救済の意味が込められています。

さらに山伏は、「宝剣《ほうけん》」を持っています。これも本来は実用品で、山中で獣などから身を護る護身《ごしん》の道具でしたが、やはりお不動さまの剣をかたどっています。「文殊の利剣《りけん》」といって宗教的にはこれも煩悩を絶つ意味が込められています。文殊菩薩は仏の智慧を代表する存在です。智慧はよく煩悩を絶ちます。そしてこれはお不動さまの右手に握っている剣でもあります。

お不動さまや文殊菩薩の仏像をよく見るとわかりますが、この剣は両刃《もろは》です。

そして刃が横になるように構えています。つまり他人を切るようには構えていません。「山伏問答」では一々にこうした山伏の持ち物についての意味が問答形式で延べられますが、この剣については「自己を切らず、他人を切らず、本来無一物《むいちもつ》なり」といわれています。

ようするに、自他を絶《ぜっ》した境地にある剣なのです。しかし「邪正相戦《じゃしょうあい》う時んば般若の霊威《れいい》、三昧耶形《さまやぎょう》の利剣となって戯論《けろん》、煩悩の敵を滅し云々《うんぬん》」とあるように、同時に我々の煩悩を絶つ法具《ほうぐ》であると強調されています。

つまり山伏の姿は、全体に不動明王をかたどっているといってよいのです。

山の神さまに逢いに行くのに、山伏がお不動さまになって行くのが修験道の峰入り、つまり入山修行です。お不動さまになって行くので、山は即《そく》仏の世界、「曼荼羅《まんだら》」になります。仏の世界に入って仏のパワーをもらうのです。そうでないと、ただの登山ということになってしまいます。

ですから修行は、もう修験装束を家で着て、山に向けて出て行くところから始まります。なにせもうお不動さまになっているのですから。

世間では修行というと、まず第一に辛いとか困難というイメージのようですから、ロッククライミングをするようなとても普通は常人の行けないような険しい山ばかりが修験道の霊場だと思うかもしれません。無論、中にはそういうところもないではありませんが、高山ではなくなだらかなハイキングコース的な山でも霊山は霊山なのです。つまり霊性が感じ取りやすい山なら、いかなる山でも霊山になりえます。

修験道でいう山は登山家の方がよくいうように挑み、戦い、征服するものではなく、有難《ありがた》く身も心も慎《つつし》んで登らせていただくところです。

もちろん、山修行はどんな山であれ、それなりの危険はありますから準備万端、身心の鍛錬《たんれん》はなくてはならないことはいうまでもないことです。

ただし、この心でないと、どんな高山や険阻《けんそ》な山に行っても修験道の修行にはなりません。山の修行では、難事を克服するのが一番大事なのではなく、山の霊性とつながるのが一番大事なのです。

ついでながら最近、「女人禁制」の霊山を女性差別だと批判する話がありますが、無論「登山」

としては性別の如何《いかん》によらずどこを登ろうが自由だと思います。

ただし修験道には修験道のルールがありますから、修験道の修行としては女人禁制もそのままに受け入れるのが本義だと思います。そこに「男女差別」につながるのでまずいなどという余計な理屈はいらないと思います。

沖縄などに行くと、逆に男性が入ってはいけない霊地だってたくさんあります。

こうした独特な宗教観念によって継承されてきたものを社会的な性差別と同一視するのは、根本的に見当違いだと思います。

秘密の教えを紐解《ひもと》く

修験道も、その基盤には密教が存在します。密教というのは秘密の教えという意味です。したがって日本では密教の修行というとお寺のお堂に籠《こも》っておこなうものというイメージが強いでしょう。しかし、インドでは野外で修法《しゅほう》されるものも多く、そういうところから修験道に結びついた傾向もあると思います。

では、その密教の教えとはどのようなものなのでしょうか？

密教の教えとは「三密《さんみつ》」というものを通じて仏になるという仏教です。
三密とは我々の体・言語・心（身《しん》・口《く》・意《い》）にそれぞれ対応する秘密の存在をいうのです。具体的にいいますと口には神秘の聖句である「真言《しんごん》」を唱え、体を代表して手に「印相《いんぞう》」を結び、心に仏のイメージである「観想《かんそう》」をこらします。

これが三密です。

我々の普通の身・口・意は「三業《さんごう》」といって、いろいろな因縁を作っているのですが、これに三密を施《ほどこ》すと、凡夫《ぼんぶ》のままに仏の働きをあらわす「即身成仏《そくしんじょうぶつ》」がなります。

これが密教の目的です。

「即身成仏」と、お釈迦さまのしたような「成仏」は、どう違うのでしょう？

学派により見解もいろいろだと思いますが、お釈迦さまのような絶対的存在としての仏になるのではなく、仏の働きをあらわして世間を照らすのが「即身成仏」です。

これに対し仏典では、お釈迦さまのしたような成仏は「八相成道《はっそうじょうどう》」といって、絶対的存在になる成仏なのです。

ちなみにお釈迦さまの次にこの八相成道をするのは、五十六億七千万年後に出現する弥勒《みろく》菩薩であるといわれています。弥勒菩薩は観音菩薩や地蔵菩薩といった大菩薩のお仲間ですが、実は、実在の仏弟子がモデルといわれています。

「八相」とは、①降兜率天《ごうとそつてん》 ②入胎《にったい》 ③出胎《しゅったい》 ④出家《しゅっけ》 ⑤降魔《ごうま》 ⑥成道《じょうどう》 ⑦転法輪《てんぽうりん》 ⑧入《にゅう》滅《めつ》という、お釈迦さまの人生の八つの出来事で、これを追って成道に至るのが八相成道です。弥勒菩薩は、今は兜率天という天界にいて、時至《ときいた》ればお釈迦さまと全く同じく八相成道をする人生を歩むとされています。

弥勒菩薩

密教の即身成仏は、成仏といってもこういう形ではありません。

いわば「プチ仏」になる道が、密教の即身成仏です。

ここにいう「プチ仏」とは、お釈迦さまのような仏そのものとは異なるのですが、仏と全く同じ働きをする人です。仏の化身になるといってもいいでしょう。

この即身成仏を成就した代表選手が、弘法《こうぼう》大師《だいし》と呼ばれる空海上人《くうかいしょうにん》です。

弘法大師空海

弘法大師は真言宗の祖であり、我が国の密教の原点的な存在ですが、ご祈祷で干《かん》ばつ時に雨を降らせたり国内の反乱を鎮《しず》めるなどして顕著な霊験《れいげん》を顕《あら》わし、嵯峨《さが》天皇をはじめ時の朝廷の深い信頼を得ました。

また治水《ちすい》や医学、書、著述、美術など多くの分野において常人ならぬ万能の才を発揮して、国土と多くの人を利益しました。

密教というと専《もっぱ》ら護摩などを焚いてご祈祷するイメージですが、本当はどんな方面であれ卓越した仏の働きができればそれはプチ仏であり、即身成仏なのです。

こうした三密の教えは、現代では宗教を離れた存在であるＮＬＰ（神経言語プログラミング）にもみられます。ＮＬＰとは何かというのは一言で説明するのは難しいのですが、あらゆることに応用可能な現代の魔術ともいうべきものです。

もともとは心理学的な存在であり、ジョン・グリンダー氏とリチャード・バンドラー氏の二人が創始者です。グリンダー氏は言語学の助教授、バンドラー氏は心理学の学生で、アメリカのカリフォルニア大学サンタクルーズ校で二人は出会ったといいます。

このNLPは当初、心理療法とカウンセリングの世界で注目されていましたが、やがてビジネスや教育などの分野でも広がっていきます。

内容的には家族療法、ゲシュタルト療法、エリクソン催眠といった心理療法的な技法を軸にできあがっています。

私もこれを学ぶ機会を得ましたが、ここでも盛んに活躍するのは我々の身・口・意をはじめとする五官の世界です。サブモダリティといって体感覚や言語や音、イメージの働きがそのまま我々が認識している自分であり、他人なのです。いいかえれば我々の認識する世界は身・口・意などの五官の感覚ですべて成り立っているといってもいいでしょう。

仏教では般若心経などでいう眼《げん》・耳《に》・鼻《び》・舌《ぜつ》・身《しん》・意《い》などの感覚器官を六根《ろっこん》、対象となる色《しき》・声《しょう》・香《こう》・味《み》・触《そく》・法《ほう》を六境《ろっきょう》、対象物を認識したところである眼識《げんしき》・耳識《にしき》・鼻識《びしき》・舌識《ぜっしき》・身識《しんしき》・意識《いしき》を六識《ろくしき》として、我々の認識世界のプロセスを「十八界《じゅうはっかい》」に分析して考えます。

我々の認識は感覚器官に映じたところのものによって支配されていますから、逆にこれらを操作すれば違った展開が望めるということです。

【種三尊】

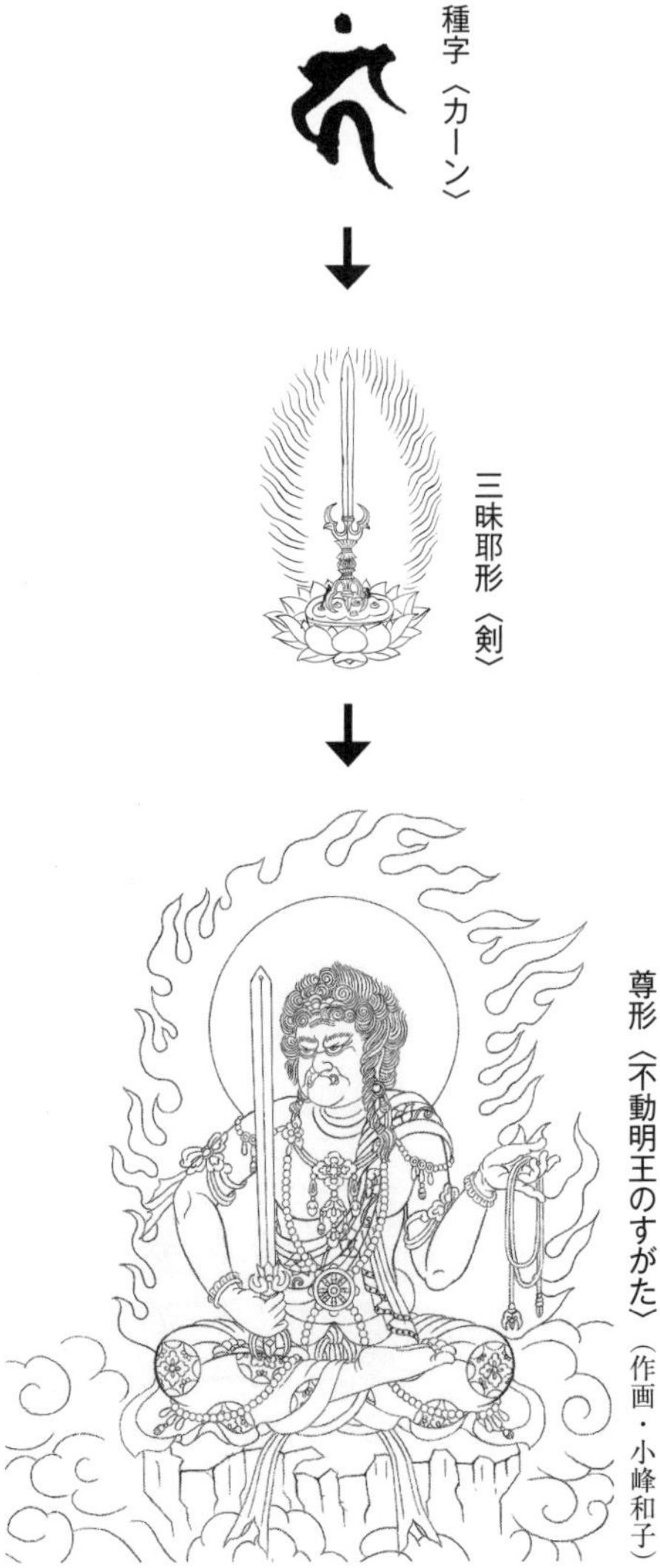

（作画・小峰和子）

密教も基本的には同じことです。

口に真言を唱え、手に印《いん》を結び、心に仏のイメージを凝《こ》らす。

これら三密が一致すれば、そこに仏の働きを現わすことができるというのが、密教の考えです。

さらに観想においては、仏そのもののすがたである「尊形《そんぎょう》」のほかに、「三昧耶形《さまやぎょう》」といって仏の働きを象徴する物、そして「種字《しゅじ》」と呼ばれる神聖な梵字が用意されています。

具体的にいうと、お不動さまであれば、口にお不動さまの真言「ナマク・サマンダバサラナン・センダマカロシャナ・ソワタヤ・ウンタラタ・カンマン」を唱え、手に印を結び、心にはまずお不動さまの種字「《カーン》」という梵字を観想し、次にその《カーン》字がお不動さまの三昧耶形（象徴）である智慧の剣になると観想し、さらにその智慧の剣がお不動さまそのものの尊形（すがた）になると観想します（これを密教用語で「種三尊《しゅさんぞん》」といいます）。そして、そのイメージを深めるべく真言を繰り返し繰り返し唱えつづけるということです。

ここのところが密教の最も肝心なところなのです。護摩はもちろん、すべての行法が、この延長線上の存在にすぎません。

ただしＮＬＰと違って、密教には決定的に違う要素が入ってきます。

それが「信仰」です。

ただ、ＮＬＰでも効果を上げるためにはプロセスに対する信頼が必須とされますから、信頼するという点では多少これも似た部分はあるかもしれません。でも、神仏を信じるというのは嘘か真か？　果たして信じるか否か？　というような命題を迫るものではありません。心の世界からいえば、それは疑うことと同じ働きになります。そこはさらっと通過して、安心して望むというのが信じることです。

密教のもう一つの重要な要素は、「煩悩即菩提《ぼんのうそくぼだい》」です。

普通、煩悩を極力廃するのが仏教です。しかし、密教では違います。世間的な願望も正面から認めるのです。

これは上座部仏教などが仏道修行以外のことにはわき目もふらず精進しなければいけないというのと対照的です。

なぜこのように違うのでしょう。上座部仏教は、第一の目的は個人の輪廻の終息です。少しでもこの世の物事に心惹かれれば、それが因《いん》となってまた輪廻することになるからです。極言すれば、生存は悪であるという世界です。

これに対して大乗仏教では——とりわけ密教では——輪廻を怖れません。仏はどこに行っても仏だからです。

私は師匠から死後の世界について尋ねた時に「密教行者は地獄に行くのが怖いようではいかん。堕ちるのじゃない、自分で救済に行くのだから」といわれた記憶があります。

また上座部仏教の聖者も大乗仏教から見れば本当に入滅するのではなく、無色界《むしきかい》という世界に生まれるのだと考えます。無色界は欲界《よくかい》、色界《しきかい》とともに三界《さんがい》といわれる世界です。欲界は我々を含め多くの生き物の世界で、欲望が行動原理を支配する世界です。我々も動物も鬼も神々も、多くがこの世界の住人です。

色界は欲望がほとんど希薄な梵天《ぼんてん》などの上位の神々の世界です。つまりもう生存のための欲求行動はしなくてもいい境涯なのです。無色界はさらには物質的においても希薄な世界です。ほとんど精神のみに近いのですが、それでも微細《みさい》な「もの」は存在します。仏教では全くの精神だけというのはありません。心は必ずかたちやものを伴います。そして、いずれの世界も輪廻の枠からは出ていません。

欲界に生きる我々は、欲望を否定すれば即「死」につながります。過ぎた欲はかえって害がありますが、適度な欲は絶対になくてはなりません。

密教の欲望の肯定はすなわち生存の肯定と同義です。

とりわけ「大欲思想《だいよくしそう》」というものがあり、その最たるものが衆生救済です。地上のあらゆる人や生き物の苦を除き、楽を与えたいというのは大変に大きな欲ではありませんか。さらには彼らを仏の世界にまで入れようというのです。しかし密教の行者はこの「大欲」を持つことが大事なのです。生存は悪だとか、生きていてすみませんというような考えはそこには微塵《みじん》もありません。

たとえば世界には、食べ物がない、医薬品がない、もう子供が育てられないという人が数限りなくいます。こうした人々を救済するにはお金は何億円、何兆円あっても足りないでしょう。

何十兆円、何百兆円あっても、そのためにはどんどん使い切っていくくらいの心がないといけません。

そして、満足に食べられないのはかわいそうだと思う慈悲の心は、自分自身に「しっかりと食べたい」という心がないと、出てきません。

そんなのは煩悩だといっていては、とてもではありませんが衆生救済はできないのです。

同じように、美しいものや愛らしいものを見ては感動し、健康な生活を歓迎し、人と心を通わせて喜びとする、そういう心がないと菩薩行《ぼさつぎょう》は到底無理です。

「人としての当たり前の心」、大乗仏教ではこれくらい大事なものはありません。これなくして大乗仏教はありえないのです。

これがわかれば、お不動さまの怒りの秘密もわかってきます。

第二章

煩《ぼん》悩《のう》ってなんだろう

仏教では、「貪瞋痴《とんじんち》の三毒《さんどく》」ということをいいます。これは貪《むさぼ》り・瞋《いか》り・愚痴《ぐち》のことで、煩悩《ぼんのう》の代表格をいったものです。

煩悩ですから、仏教では基本的にはこれを排除するというのが本来的な立場です。

順に煩悩について、お話していきましょう。

「煩悩即菩提《ぼんのうそくぼだい》」といっても、その煩悩がいかなるものかわからなければお話になりませんし、無条件に煩悩が菩提（さとり）であるわけはありません。もしそうなら、なんのご修行もいらないでしょう。

貪《むさぼ》るのはなんのため？

まず、最初は「貪《とん》」です。「貪」というのは「むさぼり」です。

人間には、生存のために、欲というものが必要です。食べ物や水、睡眠や性欲といった生存や繁殖《はんしょく》の基本欲求から家や車、社会的なステータス、それを入手するための通貨、通貨を手に入れるための仕事、すべてが欲の対象です。

上座部《じょうざぶ》仏教では生存の消滅が目的ですから、いかなる欲も制限していきます。認められるものは三衣一鉢《さんねいっぱつ》といって、私有財産は基本的には衣類三枚と乞食《こつじき》（托鉢《たくはつ》）のための鉢だけです。

大乗仏教では、これらを望むことは必ずしもそのまま悪ではありません。それらは適度に享受《きょうじゅ》される限りにおいて、とても重要です。

ただ、貪りというのは、そうした外部のものに価値があると思って執着するために起こるもので、仏教的にいえば心の病です。

綺麗に着飾ったり、高級品を身にまとった人が、その実は自分には極めて低い価値観しかもっていないことはよくあります。

自分の価値がわからないので、自分自身の周りをいろいろなもので飾って誤魔化《ごまか》そうとする気持ちが働きます。

こういう人は、他者との比較の中で生きています。だからどこまでいっても、もっといいものがあればそれを手に入れなければという焦燥《しょうそう》にいつも追われていて、心が休まる暇がありません。

お釈迦さまは人の欲について、「ヒマラヤ全部を黄金に変えても満足しないのが人の欲」といわれていますが、こういう構造だとまさにそうなります。

間違えないでいただきたいのは、私は決して「おしゃれ」することが悪いことだといっているのではありません。そうは全く思いません。いろいろに自分を表現するのは素晴らしいことです。

おしゃれはその有力な手段の一つです。

人間とはある意味、自己表現をする動物ですから、それをしようとしないのはやはり何かがうまくいっていないのです。

ですからそれは、本当にしたい装《よそお》いや格好をし、本当に欲しいものを手に入れたいという心は極めて健全なものです。

これに対し本当に欲しいのではなく、常に何を手に入れたら人がすごいと思ってくれるのか……などと考えるのは不健全です。

つまり、「すごい人」だと思われたいのです。「お金持ちだ」とか「いい家に住んでいるね」とか思われたい。

なぜそう思われたいのでしょう。それは……きっと、いい気持ちになれるからですね。

でも、このいい気持ちというのは、実は往々にして積極的ないい気持ちではありません。心の奥までたどれば、「これで私は人に侮《あなど》られたり軽んじられないで済む」と思って、ほっと安堵しているだけです。

私が子供の頃の同級生で、すぐ人の持ち物と自分の持ち物を比べる子がいました。「あ、これ、オレの持っているほうがいいやつだ！」「あ、これ、安いやつだ。よくないんだ、これ」とか、そんなことばかりいっています。今考えると多分、それは親がバカなのでしょう。

バカだなどとは失礼だと思うかもしれませんが、自分自身の価値というのに目が向かないというのは、これ以上のバカはないのです。

なぜなら、価値の本源は、「自分」だからです。

それを、付加価値にすぎない持ち物や学歴や経歴だけを比較することだけで決めようとするのは、バカです。

もちろん、社会的には「ああ、君はあの有名な大学を出ているの？　すごいね」とか「ああ、すごいお金持ちなんだね」などということが大きな尺度になることはあります。でもそれは、何か特定のことをするという前提に立ってです。

古代インドの頃と現代の我々では、貪りの概念が違います。それこそ昔は、少しでも食料を確保するとか、領土を拡張するというような、生存権を掛けた凄惨《せいさん》なものだったのでしょう。日本の現代人にそういう悩みはまずありません。

物質的には、昔と比べ物にならないほど幸福です。しかし、それでも悩みがなくなっているわけではないでしょう。

たとえば寿司屋の板前になるのに、化学の博士号など必要ではありません。おいしいお寿司がうまく握ればいいのです。

商売でお金儲《もう》けが上手でも、介護士になって、いい介護ができるか否かは別です。同時にもちろん、お金儲けの技や博士号が必要な世界だってあります。

そうではなく、ただやみくもにランク付けしたがると、もう物だろうが経歴だろうが資格だろうが、なんでもかんでも持って、すごい人になっていないといけないという風になります。これが貪りの正体です。

なぜ?

「すごい人だ、できる人だと思われないと他人に無視されたり、バカにされたりして、はじかれてしまう」と思い込んでいるからです。

でも、それは付属物なのです。あなた自身ではありません。

自分を護るためには「そうしなくちゃ」と信じているのです。

豊臣秀吉《とよとみひでよし》は、人タラシの名人だといわれています。戦《いくさ》が強いというより、人間関係が得意で味方をいっぱいつけて天下人になった人です。

戦だけなら強い武将はほかに大勢いたことでしょう。

そんな秀吉でしたが、天下人になってから、誰か配下の大名《だいみょう》が謀反《むほん》の心があると聞くと、すぐに居城《きょじょう》に相手を呼びました。

呼ばれた側《がわ》は、さては心底を見破られたかと戦々恐々《せんせんきょうきょう》です。切腹の沙汰《さた》があるかもしれません。しかし、「暫時《しばらく》、お待ちくだされ」と広間に通されて気をもんでいますが、いつまで待っても一向に秀吉は現れません。

やがて夜になって、もう就寝する時間になってきてから、スーッと襖《ふすま》が開いて、酒の入った「とっくり」を手にした寝間着《ねまき》姿の老人が現われます。

「おい、わしじゃ。わしじゃよ」

よく見れば秀吉その人です。そして手をとり肩をたたき「いやー、遠路はるばるすまぬのう。実はな。わしはお主と酒が飲みたくて呼んだんじゃ。よく来た！　よく来た！」といって肩をたたき、お酒をさしつさされつ、そしてお風呂に誘ってくれて褌《ふんどし》一丁になって背中まで流してくれるのです。

秀吉は、豪華な衣装も飾りも捨てて、裸になれば天下人《てんかびと》も武士も百姓もない、一個の人と人であると知っていたのです。

付加価値をすべて落として、極力、対等性をもって接する。これは見事な対人技術です。これで相手はすっかり秀吉にまいってしまうのです。

一方において秀吉は、自分自身においてはそうした付加価値にがっちりととらわれていた側面もあります。

常に「太閤《たいこう》などといっても、水呑《みずの》み百姓の出のくせに」という世間の声なき嘲《あざけ》りの声をどこかで聞いて悩み、豊臣という名字や平家《へいけ》の流れであることすらお金で手に入れようとしましたが、それでも彼の心は鎮《しず》まらなかったのでしょう。身分というものがある時代で無理からぬことですが、「百姓の出が太閤で何が悪い！」というほど彼の気持ちは先進的ではなかったようです。どこまでもすごい人と思われたい焦燥感は、ついに明国《みんこく》を手中に入れようと考え、朝鮮国出兵という暴挙に出ることとなります。

イエス・キリストも、「ソロモン王の栄華《えいが》でさえ野辺《のべ》の花のよそおいにおよばない」といっています。キリストもまた、何が本質であり何が大事なのかを知っていた人です。

貪りとは全く逆に、「私なんてそんな晴れがましいことにはふさわしくない」とか「そんないいものは私には豚に真珠ですよ。宝の持ち腐れです」という人がいます。

こういう人も、現われ方は違いますが、同じ間違った心の構造を持つ人です。

実はこれは、貪りの変形なのです。

つまり、他人と比較して「私なんてダメ」と自分の価値をはかっているのです。初めから「ダメ」といっておけば非難されないし、落ち込まないですから。

初めから低いところにいれば、落ちて怪我《けが》はしないのと同じ理屈です。

あとは、私ってダメなんですと、人にいわれる前にいっておけばいいだけです。

そうすれば、せめて傷つきはしないと信じているのです。

『維摩経《ゆいまきょう》』というお経には、仏弟子《ぶつでし》である舎利弗尊者《しゃりほつそんじゃ》に、天女が神通力《じんづうりき》で花を飾りますが、舎利弗尊者は「出家者が花で飾られるなんてふさわしくない！」と退けようとします。すると、ますます花は彼について離れない……というくだりがあります。

これは、受け取らない心は物に深く執着しているのと同じということでしょう。

でも、よしんば「つくづく本当に自分はダメ人間だな～」と嘆くようでも、無価値であるということはないのです。

人の価値は何で決まりますか？

「それは社会や人の役に立つことです」――多くの場合、こういう答えが返って来そうです。

それは大事な考えでしょう。

では、もう人の役に立てない存在になった老人や、あるいは働けない病人や身体に障害がある人は、無価値なのでしょうか？　そんなはずはないでしょう。

もちろん、社会的には有能なほど、人は高い評価を得られます。それは事実でしょう。でも、能力即《そく》価値なのではありません。

たとえば、犬猫や昆虫は価値がないでしょうか？　「そんなものには価値がない」という人もいます。「犬猫は可愛いから価値があるけど、昆虫は気持ち悪いから無価値」という人もいます。

では、さらにいえば動物の命と人の命は、どちらが大事ですか？

「それは人間に決まっています」

そういう人は多いでしょう。もちろん、間違いとはいいません。

でも、それはそういう人も私も、人間だからそういうだけなのです。

私が猫なら「もちろん猫の命のほうが大事」というでしょう。では、猫だとか、人だとか、昆虫だとかという立場を離れたら、どうですか。

命は命で、皆一つです。かけがえがないという点では、何も変わらないのです。

他人さまの役に立つの、立たないのなど、どうでもいいのです。ほとんどの生物は、その生物が存在するためだけに存在します。それが生命の実相《じっそう》です。

人間だって同じです。あなたはあなたのために存在するのです。

誰のためでもありません。まず、そこから始めるのです。存在には意味があります。そのことをまず知ってください。

お釈迦さまは、生まれてすぐ七歩歩いて、「天上天下唯我独尊《てんじょうてんげゆいがどくそん》」といわれたという伝説があります。

これは何も、お釈迦さまだけのことではないのです。皆「唯我独尊」です。

ある仏教の本に、「人間ひとりの命は地球より重い」と書いてありましたが、これはどうでしょう。

この「○○より重い」という表現で人間の命の尊さを強調したいのでしょうが、実際の地球は何兆、何百億という人や生物が生まれ死に、そして遠い未来まで生存をつなげていく場です。限りある人間一個の命とは同じではありません。

たとえばこの私のたかだか数十年の肉体の命と地球全体は、同じ価値でしょうか。皆さんはどう思いますか。たとえば私の命が助かるか地球が助かるかは、同じでしょうか？　私は断じて違うと思います。

少なくとも地球と人間ひとりは同じ価値というのは宇宙の真理でもなんでもなく、まして一個の人間の命のほうが地球より重いなんて、まさしく人間中心の傲慢《ごうまん》さの極致《きょくち》ともいうべきものです。地球にいるのは人間だけではありません。

本来、すべてが同じ価値です。そこには、どういう価値があるのかという質問は成り立ちません。誰のためでもなく、どの人も、どの生命も、それ自体が価値の本源なのです。

以前、私が受け持ったある講座で、「私には価値がない」という人がいました。

その人は「幸せなんてない」ともいいます。そりゃそうでしょう。価値の本源である自分を否定しておいて幸せなんてあるわけないです。

「では、あなたにとって価値のあるものは？」と聞くと、飼っていたペットだという答えです。

「ではなぜそのペットは価値があるの？」

「私を支えてくれたから」

「誰を支えたのですか？」

「私です」

「でも、あなたには価値がないんでしょう。だとすると、価値のないあなたを支えてくれたペットには、どうして価値があるの？」

ここでこの方は、価値の本源が自分なのだということに気づくべきなのですが、残念ながら気づきませんでした。

でも、周りの人にはわかったようです。

驚いたことにこの人は、心理カウンセラーとしてボランティア活動されている方だそうです。

ボランティア自体は大変尊いことですが、一体、どういうカウンセリングをしているのでしょう。失礼ながらこれは、大変に疑問に思わざるを得ませんでした。

実をいいますと心理カウンセラーなどといっても、実は不幸な人の傷口を見て、自分がまだしもだと安心している人間も世の中には結構います。この方がそうだとはいいません。ただそういう「いつわりのカウンセラー」はいます。

自分の問題が全然クリアリング（解決）できていない心理カウンセラーなど、ハッキリいってダメです。

でも、残念なことですが、相当経験のあるような人でも、そういう心理カウンセラーはいるようです。こういう人はしばしば「投影《とうえい》」といって、自分の問題を人の上に移して見てしまうので、カウンセリングが成り立たないのです。たとえばお父さんが無理解で酷《ひど》い目にあった経験がクリアできてないと、お父さんに似たイメージの人やそうした年代の男性には、抑《おさ》えられぬ敵意が湧《わ》いてきてしまい、カウンセリングなんてできません。

さて、食べ物が欲しい、暑さ寒さから身を護る家や着るものが欲しいというような生存欲求的なものは別とすると、現代において我々が欲しいと思っている大部分のものは、実はほかの人間に対するデモンストレーションなのです。

それが証拠に、もし欲しいものをなんでもあげるから、タイムマシンに乗って、ただ一人で恐竜の時代にいって生活してくださいといわれたらどうですか？

オーケーという人はまずいないでしょう。実は我々が欲しいものは、ほとんどが事実上必要からというよりは対人上において必要な存在だからです。

恐竜相手には強固な家や装備はいるかもしれませんが、瀟洒《しょうしゃ》な豪邸や最新のファッションなどいりません。装甲車はあったほうがいいかもしれませんが、デラックスな高級車やカッコいいスポーツカーもいらないでしょう。そんなのを見せる人も、乗せてあげる人もいませんから。

もちろん、現代の我々は、人の間にひしめきながら生きています。

ですから、「そうなのだ」とわかった上でなら、高級車も豪邸も海外の別荘でも贅沢品《ぜいたくひん》でもなんでも望んでもいいのです。

物を欲しがるのが即《そく》いけないということではないのです。

もしそれをいうなら、人間の文化も否定することになるでしょう。

あなたは恐竜時代に住んでいるわけではありません。人とふれあい人と親しむ。それが何よりも大事です。

生存上必要最低限のものを別にすれば、ほとんどの物や資材は、人と人のふれあいのためにあります。

お金や貴金属などは、それ自体はもともとはただの紙や金属にすぎません。

値段は高くても安くても関係ないのです。自分にふさわしい、好きだと思えるものを迷わず選択すればいいのです。自分を表現してください。あなたにはそうする権利があります。

貪りがいけない本当の理由は、欲張ることが単に道徳の上でよくないからではありません。

それ以上に、それがあなたの本当の価値をくらましている所行《しょぎょう》だからです。

瞋《いか》りの果てに

次は瞋りです。「怒り」と「瞋り」は読み方は同じ「いかり」ですが、どちらかというと怒りは顕《あら》わであり、まさに罵声《ばせい》を上げまなじりを釣り上げた様子なのに対し、瞋りは心の中の憎しみや根深い恨みも含む、広い概念です。しかし両者は厳密に区別することができないこともあります。

本稿では以下、「怒り」と「瞋り」を併用《へいよう》しますが、あまり両者の違いは気にしないでください。

さて、瞋りの心について、日蓮宗を開いた日蓮聖人《にちれんしょうにん》は、「地獄の境涯《きょうがい》」であると説かれましたし、ある仏典にも、せっせと善いことをして功徳《くどく》を山のように積んだとしても、一回の瞋りですべてを台無しにしてしまう……と説かれています。

瞋りの難しさは、瞋る側《がわ》が自分で「悪い」とは思っていない点です。自分を被害者だと思うから瞋るので、自分を加害者だと思って瞋る人はいません。

仏教では昔から、瞋ることは良くないとされてきたのは先の貪りと同じことで、同じく三毒《さんどく》の煩悩に数えられます。

たとえば子供の教育なども、親として未熟な人は「叱《しか》る」のでなく「怒る（瞋る）」になってしまうのです。叱るのは時として必要な行為ですが、ひとえに怒るのは感情の問題です。

たとえば子供の出来が良くないので叱るということも、過ぎてくると怒るようになります。

この怒りの感情の裏には、実は悲しみがあります。悲しみと怒りは表裏一体です。

「何故この子はいつもこうなの？」「しまいには情けなくなる」というのがそれです。

そうした悲しみや情けなさは、積もり積もるとやがてその人間自体の否定になっていきます。パターン化してそこから抜け出られなくなるのです。

「どうせ……」という奴です。

すると今度はこれがまた、行き場のない怒りとなって噴出します。

表裏一体ですので、悲しみの裏に怒りが存在することだってあります。

たとえば幼いうちに親が亡くなると子供は当然悲しみますが、その奥には「どうして私をおいて逝《い》ってしまったの?」という怒りの感情もあるのです。可愛がっていた犬や猫が死んで悲しむ時も同様に「〇〇ちゃん。なんで死んじゃったの?」という理不尽さに対する怒りがあります。

逆に親に虐待《ぎゃくたい》されて育った人などは、怒りの裏に確実に悲しみがあります。

「なぜ私は愛されないのだろう。一体なぜ!」という深い深い悲しみです。

こうなると怒りは、人間ならではの深い感情に支えられていることがわかります。

動物にも怒りはありますが、動物の場合は事情が少し違います。多くの場合、怒りの裏には恐怖があります。縄張りをとられるかもしれない。あるいは捕食されるかもしれない。子供が攫《さら》われたり、牝《めす》を横取りされるかもしれない等々。

これは生命や生存を脅かされる可能性があるからです。

人間だって命を狙われて追い掛け回されたら、恐怖だけではなく、怒りの感情も最後には出てくることが大いにありえます。

しかし動物だからといっても、悲しみの感情がないことはありません。家庭動物でも特に犬などは、飼い主に無視されたり怒られたりすると、とても悲しそうです。

貧しい人の医療や救済に尽くされたインドの聖者マザーテレサは、愛の反対は実は憎しみではなく「無関心」だといいました。

イヌやネコが飼い主の関心を引くために粗相《そそう》をしたり、度を越したイタズラをすることはとてもよく知られています。動物だって、怒られるより無関心のほうがつらいのです。

古代ギリシャには死刑以上の刑罰として、人間としてその存在を一切無視するという刑罰もあったと聞いています。

アドラーという心理学者は、実は人は怒ることを意図して怒るのだといっています。つまり、我々が怒るということは怒らされるというより、ある人間なり、ある事柄なりに対して怒ることを選択した結果だというのです。

だから、怒らないことも、許すという選択も同時にとれるわけです。怒りが完全に他動的なものなら選択の余地はありません。

我々は一個の生物であると同時に社会的存在です。だから、幼児の虐待や強盗殺人のような酷い事件のことを聞けば「なんということだ!」という怒りも湧いてきます。

「これが怒らずにいられようか」ということです。つまり、社会ということを考えると、怒らないとまずいので怒るのです。

そして、その事件と離れたところで怒ることが可能なのです。

動物の場合は生存に立脚した怒りですから、相手を許すなどということはそのまま自分の死を意味するので、断じてできません。

しかし同時に、あとで思い出して腹を立てるということもないでしょう。危機感が去れば即、怒りも消えます。

原始仏教では、怒りの感情を持つことは禁じられておりましたので、仏弟子の目連尊者《もくれんそんじゃ》のように無理解な人々に石を投げつけられても怒らずに、泰然《たいぜん》と死ぬ人もありましたし、仏弟子となった元殺人鬼アングリマーラが世間の恨みを買って殺されようとする時も、誰も止めるまではしませんでした。

上座部仏教では強い怒りの感情などを持てば、それが次の輪廻《りんね》の元となりますから修行は台無しになります。そのほうが修行者としては怖いのです。

大乗仏教ではどうでしょうか？

大乗仏教でも怒り（瞋り）は貪《とん》・瞋《じん》・痴《ち》の三毒のうちにあげられるので、基本的に怒りは決して好ましいことではありません。

「功徳を作ること須弥山《しゅみせん》のごとくでも、ひとたび瞋りにとらわれればそれがすべて失われる」と仏典でも警告しています。

そしてもちろん、不瞋恚戒《ふしんにかい》という戒もあります。これは僧俗一貫《そうぞくいっかん》の戒ですので、在家・出家の区別なく仏教徒はすべからく守るべきものです。

ただ、不瞋恚というのは実際、簡単ではありません。

たとえば怒るのがいけないからといって、自分の家庭において理不尽に親や配偶者や子供が惨殺されても、怒りを持たずに平静にしていられるかといえば、どうでしょう。

もし本当にそういう人がいれば、私は素晴らしいというより疑問に思います。

人は余りに酷いことにあうと、そのことを記憶から否定しようとします。耐えられないからです。

そういう意味では酷い事件自体が否定されますから、瞋りもおきません。

たとえば、通り魔やテロで惨殺された息子は生きているといってはばからない人もいます。耐えられないショックから自分を護るため、心理的な逃避が無意識に働いているのです。

以前、イスラム系の過激派がフランスでテロを行いました。

大事な人を失ったある男性が、私は犯人を恨まないと発言して、注目を集めました。この発言を大変素晴らしいととらえた方も多いようです。

果たしてこの方がどういうつもりでそういわれたのか、何か宗教的な信念によるものなのか、自分独自の思想に基づいた発言なのか、単にあまりのショックの直後で怒りを感じないだけなのか、それはわかりません。

もちろん、彼を悪くいおうとは思いません。しかしその後、ベルギーでの同じようなテロで、幾人もの方が「怒りを感じるために来ました」「悲しみと怒りを共有したい」といって、現場を訪れていました。私としてはこちらのほうに共感します。

彼らは怒りを感じること、悲しみを感じることを、積極的に共有したいのです。怒りということを口にしていますが、実は彼らのほうが仏教的だと私は感じます。

なぜなら彼らには、見知らぬ犠牲者の悲しみを共有するという慈悲の心が見られるからです。

当たり前のことをごく当たり前に感じるのは、大乗仏教ではとても大事な感覚です。

昔、「岸壁《がんぺき》の母」という歌がありました。戦後のナホトカから舞鶴《まいづる》への引き上げ船で帰ってくる息子を待つ切ない母の歌ですが、実際そうやって何年も何年も毎日、港に行くお母さまはいたようです。これなども「息子は絶対死んでいないのだ。死んだと思ってはたまるものではない」という、そういう否定したい心理があるのかもしれません。

でも、怒るべきことを怒るということを一切押さえていたら、人間はおかしくなります。

敢えていいますが、怒りは時には必要な感情なのです。

密教では、無闇に怒りはいけないものとはしません。

そうでないなら、なぜ仏である不動明王が怒りをあらわにしているのでしょう。実は仏教が基本的に瞋りを良しとしないのは、そこに因果論《いんがろん》があるからです。つまり仏教では、いかなる目にあっても、それには原因があるからと考えるからです。仏教では、瞋りのもとは私たち自身にあると考えます。

東日本大震災について、ある有名な高僧が「どうしてこんな酷いことになったのか？」について意見を求められ、「それは業《ごう》である」と答え、これが一部から心無い発言として批判を浴びたという話を聞きました。

しかし敢えていえば、これは仏教の教理的には伝統的で正しいとされる考え方なのです。仏教は因果論が前提ですから、厳密には偶然とかはありません。

ここに問題があるとすれば、一般の人に、しかもそのタイミングで、それをいって相手が理解できるか否かという一点のみです。

仏教的にどう考えるかと聞かれれば、やはり業というのがテーゼです。

敢えていいますが、別段その高僧が思いやりがないのだということではないでしょう。口に出していう、いわないは別にして、私自身も基本的には全く同じ意見です。

でも、たとえば家族が惨殺された人に「これも業だから仕方ないよ」といえば、まずそれで納得するという人は少ないでしょう。

もちろん、仏教的にいえば家族が殺されるような酷いことにも、背後にそれなりの業があると考えます。全てのものには業による因《いん》が存在する。それが仏教の因果論です。殺された人にも業があり、家族を失う人にも業があります。そして殺す側にもあるのです。ただ忘れてならないのは、業というのは誰にもあるのです。あなたに悪い因縁《いんねん》があったから不幸になったのだという論調に聞こえますが、そうではないのです。

仏教では朝夕《あさゆう》の勤行《ごんぎょう》で、多くの宗派が「我昔所造諸悪業《がしゃくしょぞうしょあくごう》・皆由無始貪瞋痴《かいゆうむしとんじんち》・従心語意之所生《じゅうしんごいししょしょう》・一切我今皆懺悔《いっさいがこんかいさんげ》」という懺悔文《さんげもん》をお唱えします。

ここで着目したいのは、「無始《むし》」の過去という点です。命の初めの初めからつくってきた業という意味です。極端にいえば、原生動物や恐竜や原始人だったころの業もあるのです。

ここ最近のことなどをいっているのではないのです。そういう意味では皆、持っている業にほとんど違いはないのです。私自身は被災地にいませんでしたが、いつ同じような目にあっても少しも不思議はないということです。

それが「業」というものです。最近は、原語の「カルマ」といったほうがわかりやすいかもしれません。

ただそうはいっても、「カルマがあるからしかたないのだ。そうなってよいのだ」というのでは断じてありません。

悪いカルマは善いカルマ（善い行い）によってバランスを取ることができますし、そうすべきなのです。ただし、悪いカルマは帳消しにはなりません。

このことは、善い行いに励めば、借りているお金を返さなくてよいか、というようなものです。基本的にそれはそれ、これはこれです。借りたお金は返さなければなりません。

ただ、善いカルマが救済の作用として働くことは、じゅうぶんありえるのです。たとえばこの場合なら、善い行いに励み善いカルマを積んだ結果、その借金を可哀相と思った誰かが肩代わりしてくれる……というようなことがあるかもしれません。

カルマの仕組みは、このようなものです。

話を戻しますが、先の震災のごとく悲惨な目にあっている人に、「業だから、カルマだから」といっても、それで納得するのは、どだい無理な話です。

先の高僧の発言に仮に問題点があるとすれば、因果論の理解のない人々にも、それをストレートに説いたことかもしれません。しかし、仏教者は仏教者ですから、尋ねられれば仏教によってそうした話をするのはいけないなどともいえないでしょう。仏説をごまかして適当なことをいうのは、不妄語戒《ふもうごかい》に抵触しかねません。妄語つまり嘘をいうことは、四波羅夷罪《しはらいざい》といって仏教的には最も重い過ちの一つです。

本来は仏教を知らぬ人にこそ因果ということを教えるのが布教ですから、その発言が間違っていたとはいいきれません。

当の本人は評判の良し悪しなどとは関係なく、信ずるところを述べるのが良いと思われたのかもしれません。

しかしながら、そこには理不尽な目にあったという怒りの炎が轟々《ごうごう》と渦巻《うずま》いているのですから、もちろん容易には受け入れてはもらえません。

人はそういうことは何年もたって初めて忘れることができたり、許すことが初めてできるのではないでしょうか。

そういう理解には、「時間」が絶対必要なのです。

たとえば殺人事件で家族を殺された人は、犯人が刑期を終え、出所してお詫びに訪ねてきても、普通多くの場合はまず会わない人が多いそうです。思い出したくもないからでしょう。

何度か訪ねられて会えば、渋々会うことにして、その折《おり》は思い切り罵《ののし》ることになります。「こんなもの！」と彼が持参したお供《そな》えの花やお菓子など踏みにじって蹴《け》っ飛ばすかもしれません。

再び怒りと悲しみの嵐の真《ま》っ只中《ただなか》に立つのです。

でも、そうやっているうちに怒ることにも罵ることにも悲しみにさえ疲れ果てて、薄皮を剝《む》くように許したり、忘れたりできるかできないかという、そんなものでしょう。

ここにきて、初めてわかるのだと思うのです。果たして、自分が怒っているのは何に対してか、がです。

許せないのは、大事な人を殺したからということ以上に、私自身に不幸な思いを味あわせたから恨んでいたのだということかもしれません。

亡くなった家族のためとか仇《かたき》だというより、本当はひとりになってしまった淋しい存在になってしまった自分のために、相手に腹を立てていたのかもしれません。

もちろん亡くなった家族を悼《いた》む気持ちは充分でしょうが、あくまで相手を許せないのは、実はほかならぬ自分のためです。当の被害者のためではなかったのです。

そして、もしそこに気づけば、あるいは許せるかもしれません。

もちろん、それは人によりけりでしょう。そして尋ねられもしないのに「許さないといけない」などと他人がいうことではありません。

だから「怒りはいけないからよしなさい」といっても「はいわかりました」と、直《す》ぐにそうはいかないのが人間なのです。

それでも、こんな体験があります。

昔受けた酷い仕打ちでずっとある人物を恨んでいるという方のお話を聞いた時、未熟な私は「済んだことです。恨むのは良くないですよ。自分が幸せになれません。忘れることです」などと定型文通りの話をしてしまったところ、その方から即座《そくざ》に「はい。許しましょう。忘れます」という答えが返ってきて、これにはこちらが感動しました。なんともこんなにすがすがしい気持ちになったのは今までないことでした。

でもこれは私の話し方が良かったのでもなんでもなく、その方がもうその思いを手放そうと思ってその話をしたのでしょう。だからだと思います。

だから逆にいえば、それまでは怒りは必要な感情なのです。

無理やり押し込めてはなりません。怒りを怒りとして、純粋に自分のうちに感じ切ることです。そうして初めて次のステップが見えてくるのです。

実は、お不動さまが、仏でありながら怒っている姿なのも、そのためです。

許せない怒り、悲しい思いは、お不動さまの前に出してください。

お不動さまの前で、良い子ぶったり格好つけはいりません。

大事なことは、お不動さまを自分の怒りに巻き込むのではなく、お不動さまの怒りに自分の怒りを預けることです。

怒り（瞋り）とお不動さまの関係には実に深いものがありますので、この話は後ほどまた致しましょう。

自分の首を絞《し》める愚《ぐ》痴《ち》

三毒《さんどく》の最後に来るのが「愚痴」です。愚痴とは「愚かさ」のことで、「無明《むみょう》」と同義と考えてかまいません。

現代日本語で愚痴といったら、不平不満を口にするということですが、それは意味合いが少し変わって一般に定着した用法で、仏教用語としての愚痴は、基本的には「愚かさ」という意味です（ただし、不平不満を口にするという意味の愚痴も、仏教的に必ずしも間違いではありません。これに関しては後述します）。

愚痴は、瞋恚《しんに》（瞋り）よりさらに難しい存在です。なぜなら、誰も自分のやっていることを愚かだと思ってしてはいないからです。

自分は愚かであると知る者は、むしろ賢者《けんじゃ》というべきでしょう。

人間には何事をするにも、背後に「肯定的意図《こうていてきいと》」があります。つまり、そうしたほうがよいと思うから、するのです。横領《おうりょう》でも深酒《ふかざけ》でも万引きでも同じです。

警察に万引きで捕まり「悪いこととは知りながら……」とはよく聞く話ですが、本当に悪いと思えばしないのです。いかなる理由であれ、盗んだほうがよいという結論で盗んでいるわけなのです。その時には、敢えてそうすればどうなるのかを考えないように脳が働いています。

これが愚痴というものです。

つまり、そんなことをしては良くなるわけがないことを、一時の気持ちを優先して、おこなうのです。その愚かさのもとは、仏教的にいえば「因果撥無《いんがはつぶ》」、つまり因果ということを認識しないことです。先ほどいいましたカルマ（業）というのを無視するのと同じことです。しかし愚痴の場合はそんな過去世とかの話ではなく、まず、この世の話というべきでしょう。

面白いのは、私の師匠の寺は入信すると、信者さんに五つの誓いというのを立てさせていました。今はご子息の代ですが、同じように教えておられるようです。

それは、「腹を立てない。貪《むさぼ》らない。愚痴をいわない。素直であれ。正直であれ」の五つでした。

この中の腹を立てない以下の三つは貪《とん》・瞋《じん》・痴《ち》の三毒の戒《いまし》めだと思います。正直と素直は『法《ほ》華経《けきょう》』の中の「柔和質直《にゅうわしちじき》なる者はすなわち皆、我が身にまみえることを得ん」というくだりから来ているのです。

でも不思議なのは、「愚痴」を、世間でいうグチをいうこと、不平不満をいうことと同じに解釈していることでした。

師匠にこの点を尋ねると、「グチをいうのは因果をわきまえず、現在の困難が我が身でしたことの結果であることを知らないから口に出るのだ」とのことで、なるほどと思いました。

因果の理《ことわり》というのは、別に難しいことではありません。すべてのものごとや体験には原因があるということです。「原因」と「結果」を縮めて「因果」と呼ぶのだと思ってください。そしてその結果がまた次の結果の原因になります。無論、因果だけでなく、ここに「縁《えん》」という存在が横に絡んできます。「因果」は時間的なものですが、「縁」は空間的なものです。つまり、よそからの要素がそれに絡んでくるわけです。因果だけなら算数の答えのように定まったものでしょうが、ここに「縁」というものが出てきて千変万化《せんぺんばんか》します。因が定まれば果は定まりますが、「縁」は良くも悪くもつくることができます。

たとえば一例として、勉強がはかどらないという「因」があれば、テストの成績が上がらないという「果」が生まれます。そこで家庭教師や塾という「縁」を頼るわけです。

すべてそのように仏教では捉《とら》えます。だから、死んだらおしまいではないのです。生きていることが因であって、次にその果がなくてはなりませんから。

過去世のあることも、今生きているという果があれば、当然その因としての過去世が存在しなくては理屈に合いません。

ですから、仏教では本来的に、「予言」というものはいいません。予言は、いってみれば因果に関係なく決まっていることだからです。

昔は、「ノストラダムスの大予言で地球はどうなるのでしょう？」などと、わざわざ私に聞きに来る人もいました。

「そのようなことは知りません」というと、「エー？」という顔をします。

こちらが「エー？」といいたいです。

無論、縁がどう働いても動かしがたい因果というのもあります。

たとえば、人は生まれれば必ず死にます。これに養生するとか健康法を実践するとかいう縁も作用しますが、死ぬことは死ぬのです。

これは予言といえば予言のようですが、生まれるという原因に対する死ぬという結果がワンセットの因果なので、そう見えるのです。

最近は、さっきの東日本大震災の例でもわかるように、「因果」ということをいうことに、ためらいがあるようですが、いわねばそれは仏教でありません。

仏教は過去世・現世・未来世にわたって因果の世界を認める三世《さんぜ》思想です。

甚《はなは》だしきは、前世も来世もないということを公然とお説教する僧侶もいるようですから、呆れます。これはお釈迦さまのいった「断見外道《だんけんげどう》」というのと同じ、誤った考えです。

大事なことは、我々は皆、輪廻転生《りんねてんしょう》して、無始《むし》の因果を生きているということなのです。だから、災難にあう人は悪い因果があり、あわない人は良いというのではないのです。それらは実は、誰もが持っているカルマです。

明日はどうなるかわからない。どんなことが起きても不思議じゃない。

それが真実です。

なにせ仏教は、生命は輪廻すると考えます。つまり、永劫《えいごう》の過去から我々は生きているのですから。

私たちが原生動物や三葉虫《さんようちゅう》、恐竜だった時代や原始人だった時代もあるでしょう。

ですから私たちは、そういう輪廻の旅の中で、皆、良くも悪くも、あらゆる可能性を持っています。

これがわからず近々のことだけで因果のことをいうと、カルマが良い人・悪い人というような、差別やいじめにつながります。

昔の社会において、身障者や不治の病の人が、悪業の報《むく》いだといわれ差別されたのと同じ過ちになります。それは仏教の因果論の本当にいいたいところではありません。

たぶん、先ほどの震災について高僧のお話を不快に思った方々は、何かとりわけ悪いことをしたのでお前たちはこうなったのだというふうに思ったのかもしれません。そうではないのです。皆同じなのです！

無始の過去からのカルマです。一代二代のカルマではないのです。

そして同時に、遠い過去世のことではなくても、私たちは日々、私たちの人生をつくっています。遠くも近くも、それは私たちの行為の積み重ねです。

目を転じて、そういう遠い過去世の「業」でなく日常的なことをいえば、そうした我々の行為は、我々の「観念」によって支配されています。どうも人生がうまくいかないという時は、その「観念」に誤りがあるのかもしれません。

ここにいう観念とは、自分の誤った認識の世界です。

たとえば、なかなか良縁に恵まれないと嘆く人の中には、実は結婚すればやりたいことが制限されて不自由になると思っている人がいます。

結婚したいと口ではいうものの、心の奥では人と合わせながら生活していくのは困難だし面倒だと思っていて、自然とそれが成り立たぬ方向に行動していきます。

実は行動だけではないのです。運命といいますか、自分の環境も自然とそれが整《ととの》わぬように不思議と変化していくのです。

逆に考えると、これはすごいことです。我々の人生は、我々の観念の通りに動いていくのですから。

だから、人によっては「また、縁談がダメになった」と口ではグチをいっても、本当はそうなることを願っていたといっても間違いではないのです。そしてどこかでホッと安心しているのです。

でも、それは何故でしょう。実は人間の中には、変化を嫌う心があります。なぜなら、今まで体験して安全なことのみが本当に安全なのだと思っているからです。この観念が人の進歩を拒み、現状に縛りつけようとするのです。これも愚痴の一つの姿です。

新しいことをすれば、それが良いかどうかの確証はないのです。だからグチはいっても今まで通りなら悪い点も良い点もわかっていますし、悪い点のやり過ごしのマニュアルだって自分の中にありますから安心なのです。

ただし、これでは何の進歩もありません。

もちろん、もう一方で、より良くなりたい自分、前に進みたい自分というのもあります。

つまりは、この二つの心の葛藤《かっとう》です。

変化を望まなければ、安全は安全ですが、進展はありません。

こういう時に、自分の感覚を大事にして前に進むことが大切なのです。

目先の欲だけとか後づけの理屈だけで進む時は、必ず失敗します。

また、グチをいう人は自分がうまく行かない理由をたくさんあげるのが得意です。たとえば就職に失敗したら、グチが好きな人は、なぜ私が就職できないかという無理からぬ理由を数々あげることはできます。

しかし、そうしてあげた理由は、次回には失敗の前提となってきますから、より困難な立場に立つことは必定なのです。もしそれを無視するとなると、前回話していたことは嘘になってしまいますから、ちゃんとこだわらないとつじつまが合わないことになるのです。

これが愚痴の愚痴たる所以《ゆえん》です。

他人のせいや社会のせいにすればするほど、自分はなんの甲斐性《かいしょう》もないのだといっているのと同じことなのに、愚痴に支配されるとそれがわからないのです。

たとえば、本当の理由は措《お》いておいて、「通勤距離が遠いからあの会社へ就職するのはやめた」と口にすれば、それより遠いところはいかによい職場でも、もうすべて対象外ということです。愚痴をいえばいうほど自分で自分の首を絞《し》めるのが愚痴の人です。

こうして見ますと、三毒はいずれも、最も害があるのは、それを起こしているご当人ということなのです。他人ごとではありません。毒というのは、誰よりも本人に毒なのです。このところはしっかり認識したいところです。

お不動さまの持つ剣は、三毒の煩悩を一刀両断にする智慧の剣だといいます。

とはいえ、お不動さまを信仰していても、意識して貪り・瞋り・愚痴を改めねば、何にもならないことはいうまでもありません。

その心こそが、不動明王の剣を持つ心にほかならないのです。

煩《ぼん》悩《のう》即《そく》菩《ぼ》提《だい》

三毒のような煩悩は、仏教では何よりも敵とするところですが、同時に、煩悩のない人というのはありません。

上座部仏教ではこうした煩悩は輪廻の元凶ですから、極力排斥《はいせき》して、瞑想三昧《ざんまい》に打ち込みます。

これに対して大乗仏教も、基本的には煩悩を排することは一緒ですが、その目的が違います。入滅《にゅうめつ》して宇宙から消え去るのではなく、「よりよく生きる」ためなのです。

大乗の考えでは、煩悩を断じ尽くしたように見える阿羅漢《あらかん》たちも、決して入滅するのではなく、無色界《むしきかい》というところに転生するのみで、輪廻を脱してはいないと考えます。入滅という考え自体が方便《ほうべん》であるというのが、大乗仏教の考えです。

さらに密教になると、「煩悩即菩提」という考えがあります。

煩悩と菩提（さとり）は一つであるという意味です。

これを初めて聞いた時、私は疑問に思わざるを得ませんでした。もし煩悩と菩提が一つなら、何も仏道修行などいらないのでは……と思ったからです。

普通に煩悩だらけでも、まあ、社会的な枠内で生きていればいいのではないでしょうか。

そこで師匠に「煩悩即菩提」について聞いてみると、「煩悩即菩提というのは、菩提の側《がわ》から初めていえるので、煩悩の側からいえることではない」と諭されました。

いわゆる世俗の楽しみというものも、少し基本的に離れているからこそ楽しめるのです。

たとえば、美味しいものを食べるといっても、これに深く執着すれば体を壊します。世の中には「財・色・食・名・睡」という五欲があります。

すなわち、財欲・色欲・食欲・名誉欲・睡眠欲です。いずれも程よければ人生の楽しみですが、深く耽溺《たんでき》すれば身を誤ります。

「悟りの岸からこの俗世に遊びに来るから楽しいんじゃないか」ともいわれました。なるほど、そこに深くはまってしまっては楽しくはないかもしれません。悟りとまではいかなくとも、少し離れるから楽しめるというのは、わかるように思います。

花火が終わったのにいつまでもそれを持っていれば、手元まで火が燃えて手を焼くかもしれません。

さらにいま述べたような貪り・瞋り・愚痴も、すべて自分を利益する心から出ています。大乗仏教は、自分などというものは、つまらないから捨ててしまえ、とはいいません。自分を利益する心は何より大事です。ここをいえば、煩悩の心も仏道修行の心もひとつです。煩悩即菩提です。

ただ、方向を間違えては、本当に利益することにはならないのです。

大乗仏教では、自他ともに利益しなくてはいけません。「自己犠牲」などということは、いらないのです。

天台宗には、「忘己利他《もうこりた》」という言葉があります。天台系の宗派の僧侶なら、たいてい知っています。

これは、宗祖伝教大師《でんぎょうだいし》最澄《さいちょう》上人《しょうにん》の言葉です。「己を忘れて他を利《り》するは慈悲の極みなり」という文から出た言葉なのですが、実は法話の席でもこれをいうのはなかなか大変なのです。不謹慎な話ながら、「もうこりた」というところから「もう懲《こ》りた。慈悲の極み」などと笑い話になることもあります。

でも、本当にこの言葉を理解している人は、どのくらいいるでしょうか。

伝教大師最澄（観音寺蔵）

昔、この言葉を教えてくれた師匠寺の在家の信者さんがいました。

「人のことを考えるのが大事なんだよ。自分じゃないんだよ。わかるかい?」といわれましたが、当時の私はまだ二十歳代でした。

そこで、「わかりませんね。私は物心ともに自分に何一ついいことがないなら、なんであれ、しません」と返すと、呆れた顔で「キミは何もわかっていないんだね」といわれました。

そういう意味では、今でも私は「わかっていない」かもしれません。

私も他人さまのために何かしたい気持ちはあります。でも、それをするのは、実は他人さまに親切にするのが自分が気持ちがいいからするのですから。

そして災害に寄付するのも、自分だったらどんなに辛いだろうと思っているからするだけです。

また、犬や猫が難儀していたら、もし自分がこの犬や猫だったらいやだなと思うので助けます。なぜならば自分のその嫌な感情を消したいからです。

嫌に思わないなら助けないかもしれませんね。でもそれは嫌なので、助けるわけです。

それでも、見えないところのことは敢えて探してまではなかなかしないのは、誰でも概《おおむ》ね一緒です。縁に触れ心が傷ついて、初めて反応しているのです。

人は、すべてを自分に引き換えて考えます。そういう頭脳構造になっています。

他者というのは、実は外にいません。全部自分のうちにいて、自分に引き換えてそう思うのです。

だから、たとえ意地悪なことをしてくる人がいたとしても、そんな人は本当は怖くないのです。

そういう人は、自分がまず、抜き差し難いダメージを受けているのです。それをズーッと引きずっているのです。

だから自分が受けたダメージを人にも与えようとして、常に引き比べている弱い人なのです。

自分と人を比べたいのでしょう。だから相手がまったくへこたれないと、非常に惨《みじ》めになります。良くも悪くも、すべてが自己満足だといえばそうなのです。それ以外、別な心などは有りません。自分の無力さが如実に感じられるのです。

人が行動する動機は、ふたつ。自分がしたいからか、することが義務だからかです。

伝教大師のこの言葉が、もし「自分のことなんて何もかも捨ててしまって他人さまのことをせよ」というだけの意味なら、到底私にはできませんし、畏《おそ》れながら、敢えてしたいと思いません。

「なんだと。きさま、それでも坊主の端《はし》くれか?」と叱《しか》られそうですが、叱る人も大概《たいがい》できちゃいませんから平気です。

でも、本当に正直な話、私はそうしたいとは思わないのです。

大事なことは、よく読めばこのお言葉は、「自分を捨てて……」ではないのです。

「捨己利他」とは書いてありません。

「自分のことは忘れて……」です。

人は何か理想に燃える時、小さな我を超えます。

これは、煩悩といえば煩悩です。一種の強い欲望です。

小さな我とは、衣食住《いしょくじゅう》のような「物」に拘泥《こうでい》する我です。

衣食住のうち衣は別にして、ほかの動物だって全部していることです。着物はなくても鳥獣にはもって生まれた羽や毛皮があります。これらは命の基本です。でもそれだけじゃ人間とはいえないのです。

人間には、自分のことも含めて皆が幸せになってもらいたいという理想があります。これを密教的には「大欲《だいよく》」といいます。

いいかえるなら、これはドデカイ煩悩です。

密教的には、そんな自分だけの規模のみみっちい煩悩じゃなく、もっとスケールの大きい煩悩を起こせということです。そうでないと、皆が幸せになる仏の理想は実現できません。だから「煩悩即菩提」です。

その次元に上がってくると、もう自分だの他人だのじゃないですね。

でも、ここから「自分」だけをはずしてはダメだと私は思うのです。

人は幸せにして自分は幸せにならないというのは、ウソなんです。

日本人は、自分を犠牲にして……という自己犠牲の物語が好きですね。

私も昔は好きでしたが、仏教を勉強したおかげで、今はまっぴらごめんです。これ、一種の自己陶酔です。

誰かが犠牲になったから、皆が幸せになる。だから自分はその犠牲になるのが立派なことだ……という観念です。

でもそれって、本当にそうなのでしょうか。私は違うと思います。なぜなら、こういう考えだと、幸せになった人は犠牲者の負債を背負わされないといけない構造だからです。不幸のまわりもちでしかありません。

これでは皆が笑える世界にはなりません。

『般若心経』の最後にあるギャーテーギャーテーという呪文は、一般に「行こう、行こう。皆で行こう。涅槃《ねはん》のあの岸へ」という意味に訳されているようです。

自分なんて……という「自分いじめ」は、子供時代からもうたくさんしているでしょう。皆で寄ってたかって「あなたは重要ではない」と教えてくれました。

でも、その考えで、他人さまにどんないいことができますか？

食べ物でも、自分が美味しいと思うからこそ、人にもそれを食べていただきたいのです。マズイと思えば勧めません。

「皆に幸せになってもらいたい」というのなら、まず自分が幸せとは何か知らないと無理でしょう。だからそのためには、時には煩悩だって大事です。

美味しいと思うからこそ人にも食べていただきたい心と同じです。

自分が味を知らないのでは、美味しいものもマズイものもありません。

伝教大師の言葉は、まず「悪事を己に迎え、好事を他に与え」とあって、その次に「己を忘れて他を利するは慈悲の極みなり」とくるのですから、たしかに一見、これだけ見ていると自己犠牲的ですが、では、悪事とは何か？　好事とは何か？

伝教大師は「施《ほどこ》す者は天に生まれ、受くる者は獄《ごく》に入る」といわれています。だったら、好事とはいっても何かしてもらうばかりではダメですよね。

伝教大師ともあろうお方が、人を地獄行きにするようなことをしろと勧めるわけがありません。他人さまにしてもらうことだって、とてもとても大事なのです。

布施《ふせ》を受けるということです。布施はダーナという梵語《ぼんご》の訳で、それは「お接待」という意味もあります。日本では布施はお坊さんに支払うお金のことだと思われていますが、違うのです。

極楽浄土にいる人たちは、お互いに長いお箸《はし》でお食事を食べさせあうといいますが、その心が大事です。必ず、自分自身を幸せの勘定に入れてください。

そして人にもその幸せを施すことが大事ですが、犠牲というのは少しも必要ないのだと知りましょう。

第三章

不動明王のすがた

お不動さまがどういう存在なのか、そのバックグラウンドは、本書の第一章・第二章で、大体おわかりいただけたのではないかと思います。

では次に、お不動さま自体を、その「お姿」から見て、より深くアプローチしてみましょう。

なお、この第三章では、やや専門性の高い話題も出てくるので、「お不動さま」という親しみを込めた尊称だけではなく、「不動明王」や「不動尊《そん》」という正式な呼称も、適宜《てきぎ》、併用《へいよう》したいと思います。

大日《だいにち》不動《ふどう》と釈迦《しゃか》不動《ふどう》

不動明王の存在や不動明王への信仰（不動信仰）を、我が国に一番初めにもたらしたのは、弘《こう》法大師《ぼうだいし》空海上人《くうかいしょうにん》です。

弘法大師は真言宗《しんごんしゅう》の宗祖ですが、真言密教の根本道場である京都の東寺《とうじ》（教王護国寺《きょうおうごこくじ》）の不動明王像が、日本最古の不動明王像といわれています。

東寺にある最古のお不動さまの像は、講堂《こうどう》というお堂にあって、ほかの諸尊《しょそん》とともに配列され、立体曼荼羅《りったいまんだら》を形成しています。

「曼荼羅《まんだら》」というのは仏の世界を視覚的に表現したものをいいますが、密教には曼荼羅を表現するスタイルが四種類あり、それを「四種《ししゅ》曼荼羅」（大《だい》曼荼羅・三昧耶《さまや》曼荼羅・法《ほう》曼荼羅・羯磨《かつま》曼荼羅）といいます。

最も知られているのは、仏・菩薩の尊形《そんぎょう》（すがた）を描いた画像で、これを「大曼荼羅」といいます。これには、大日如来《だいにちにょらい》を中心に描かれた「胎蔵《たいぞう》曼荼羅」「金剛界《こんごうかい》曼荼羅」の両部《りょうぶ》曼荼羅のほか、別《べっ》尊《そん》曼荼羅といって、中心に他のさまざまな仏の姿が描かれたものもあります。密教美術展などでは多くの場合、出展されますから、見たことのある方も多いと思います。いってみれば、仏画的な曼荼羅です。

それから、仏の働きを象徴する法具《ほうぐ》（たとえば不動尊ならば剣）、これを「三昧耶形《さまやぎょう》」といいますが、仏の姿の代わりに三昧耶形が描かれたもの、これを「三昧耶曼荼羅」といいます。

また、仏のさとりを象徴する梵字《ぼんじ》（種字《しゅじ》）で表現されたものは「法曼荼羅」といいます。仏の姿の代わりに、梵字が書かれています。梵字はある意味、仏像や仏画よりもその仏の本質を表わしたものといいます。だから仏画よりもさらに上級者向けの曼荼羅です。

そして、さまざまな立体の仏像を配置して表現した「羯磨曼荼羅」があります。たとえば、たくさんの仏像が配置された先の東寺講堂の立体曼荼羅は、これに相当します。

東寺の講堂自体は一度焼失して江戸時代に再建されていますが、もともとは平安時代、九世紀の創建ですから、祀《まつ》られている仏像もその頃のものと考えられます。東寺の不動明王像を拝みますと、目を二つながらカッと開いている、大変迫力のある坐像です。

これは一説に、「大日不動」といわれています。つまりお不動さまには、両目を開くものと、片目を眇《すが》めているものがあり、前者を大日如来の化身＝「大日不動」とし、後者を釈迦如来（お釈迦さま）の化身＝「釈迦不動」とする説が生まれました。

もちろん、本書第一章で述べたように、お不動さまは、根本的には大日如来の化身とされますが、我が国の密教では、敢えて、お釈迦さまの化身としてのお不動さまのイメージも出てきたわけです。

この釈迦不動は、我が国の密教のみで説かれる考え方で、インドや中国の密教にはありません。

さらに、我が国でも真言密教（東密《とうみつ》）では説かれず、天台密教（台密《だいみつ》）で説かれる考え方です。

天台宗では、お釈迦さまと大日如来は同体であることが強調されるため、そういう思想が出てきたものと思います。

真言宗では、お不動さまは大日如来の化身と決まっていますから、お不動さまの霊場に参りますと、よく幟《のぼり》や提灯《ちょうちん》にもそれを強調して「大日大聖《だいにちだいしょう》不動明王」と書かれています。

実際には、両目とも開いているお不動さまは、珍しいものです。天台宗、真言宗にかかわらず、片目を眇めるお不動さまのほうが、はるかに多いと思います。

不動十九観《ふどうじゅうくかん》

こうした我が国のスタンダードなお不動さまのスタイルに大きく関わったのが、平安時代の天台宗の高僧、安然和尚《あんねんかしょう》です。

安然さんは、天台密教を大成したことで知られる人です。

天台宗は、真言宗と並んで、密教が存在する宗派です。弘法大師空海上人と同時代の天台宗祖伝教大師最澄《でんぎょうだいしさいちょう》上人は、唐《とう》で密教を学びましたが、弘法大師のそれに比べると部分的でした。

そこで、伝教大師の後進である慈覚大師円仁《じかくだいしえんにん》上人や智証大師円珍《ちしょうだいしえんちん》上人といった天台宗の高僧の方々が、唐に留学して大いに密教を学び、天台宗の密教を補完し体系化しました。

安然さんは唐には行きませんでしたが、大変な密教学者で、一連の天台密教成立のラストを飾る人といわれています。

安然さんは、九世紀末に『不動明王　立印儀軌修行次第《りゅういんぎきしゅぎょうしだい》　胎蔵行法《たいぞうぎょうほう》』という密教の次第書を著《あらわ》し、不動明王の尊容《そんよう》における特徴を、「不動十九観」というかたちで述べています。
以下、不動十九観を、順に見ていきましょう。

①此《こ》の尊《そん》は大日の化身なり（大日如来の化身である）

これは既に述べたところです。安然さんは天台僧ですが、天台宗でも基本的には不動明王は大日如来の化身という認識は同じです。

②明《みょう》の中に阿《ア》・路《ロ》・喚《カン》・蔓《マン》の四字あり（真言の中に阿・路・喚・蔓の四字がある）

明とは真言のことです。ここでいう真言とは、不動明王の最も重要な真言「慈救呪《じくじゅ》」＝「ナマク・サマンダバサラナン・センダマカロシャナ・ソワタヤ・ウンタラタ・カンマン」のことであり、その慈救呪の中に登場する四つの種字（梵字）、について言及しています。

その四つの種字は、お不動さまの働きを象徴すると同時に、お不動さまそのものであるともされます。仏さまを尊形（すがた）ではなく種字で表わすことは、よくおこなわれます。それは俗に「梵字仏《ぼんじぶつ》」などと呼ばれますが、専門的にいえば、このほうが尊形よりも、より本質的だと考

【不動十九観】

①大日如来の化身である
②真言の中に阿・路・喚・蔓の四字がある
⑬修行者の残り物を食べる
③いつも火生三昧の中にいる
⑰カルラの炎を背負っている
④召使いの少年の姿で肥満体型である
⑤頭頂に七つの髻がある
⑦額に水波のような皺がある
⑯怒りの相を示す
⑥左側頭部に弁髪が垂れている
⑨上の右唇をかみ下の左唇を外に突き出す
⑩口を閉じている
⑱クリカラ龍王が剣に巻き付いている
⑧左目を閉じ右目を開く
⑫左手に羂索を持つ
⑮恐ろしい姿で肌が青黒い
⑪右手に智剣を握る
⑭大きな岩に坐っている
⑲矜羯羅童子と制吒迦童子が仕えている

（作画・小峰和子）

えられています。

阿・路・喚・蔓は、それぞれ、梵字《ア》《ロ》《カン》《マン》を漢字で音写《おんしゃ》したものです。漢字で表記してあっても、梵字だと思ってください。

「阿」は、お不動さまの本体である大日如来の種字です。実は慈救呪の中には、直接的には「阿」という字は登場しません。しかし大日如来が諸仏の根源であるように、「阿」字も諸真言の根源であり、この慈救呪にも、「阿」字は直接的には登場せずとも確かに働きがあると考えます。

「路」は、慈救呪中の「センダマカロシャナ」という語を表わします。これは「一切暴悪者《いっさいぼうあくしゃ》」を意味する梵語です。お不動さまの最も大きな特徴は、大日如来の化身で、しかも暴悪のすがたの仏であるということです。

「喚」「蔓」は、お不動さまを表わす梵字（種字）であり、慈救呪の末尾に置かれています。なお、厳密には「カーン」「マーン」と長音なのですが、慣用音では「カン」「マン」と短音となります。

③ 常に火生三昧《かしょうざんまい》に住する（いつも火生三昧の中にいる）

火生三昧とは、お不動さまの境地を炎に例えたものです。

三昧とはインドの原語ではサマージといって、深い瞑想状態における境地をいいます。

仏像的表現では、お不動さまが常に火炎を身にまとっている姿をいいます。お不動さまの仏像には、「火炎光背《かえんこうはい》」といって、普通の仏像のような光背ではなく、炎がつくられています。この炎は、我々の煩悩《ぼんのう》を焼く大火炎なのです。

修験道《しゅげんどう》では火渡りの行《ぎょう》をしますが、これもお不動さまの炎で業《ごう》、煩悩を焼き清めていただく意味があります。

また、お不動さまに対して護摩《ごま》がよく焚《た》かれるのも、このためです。お不動さまはもとより明王という方々は、皆、一様に炎をまとう仏像が多く、明王とは「炎の仏」といってもいいでしょう。そして、どの明王の炎も、悪業《あくごう》を焼き清めてくれます。

④童子形《どうじぎょう》を現じ、身、卑《いや》しくして肥満せり（召使いの少年の姿で肥満体型である）

お不動さまは、奴僕《ぬぼく》の相といって、召使いの少年の姿をしています。それも小太りしてとされる姿ですから、これはアーリア人が社会的に下位においていたインドの先住民ドラヴィダ人の姿なのだろうといわれています。

身分の低かったドラヴィダ人の姿をモデルにした仏を、わざわざ崇拝対象にしたのは何故でしょう。

密教はインドで生まれましたが、主流はあくまでバラモン教でした。バラモン教はアーリア人の宗教です。密教はバラモン教と似ていながらも、非アーリア的な部分が大変多くみられるといわれています。

あるいは密教にはドラヴィダ人やその他、差別され社会の底辺に追いやられた部族の人たちの復権が込められていたのかも知れません。

ドラヴィダ人の多くがアーリア人に仕《つか》えたように、お不動さまは仏でありながらも密教行者に仕えること、まるで召使いのようであるということです。

この考えは、密教の行者はつねに自らが大日如来であるということを片時も忘れないようにという、密教の「三昧耶」の教えと一つだと思います。三昧耶とは平等の意味です。つまり密教行者は仏と等しい。仏と同じということなのです。

行者が大日如来なればこそ、不動尊はその如来使者として働くのです。

⑤ 頂《いただき》に七莎髻《しちしゃけい》あり　（頭頂に七つの髻《まげ》がある）

お不動さまの頭の上には、七つに結いあげた髻があります。この髻の数は、「七覚支《しちかくし》」を表わします。

七覚支とは、仏教の主に瞑想における修行法のあり方を規定した「七科《しちか》三十六道品《さんじゅうろくどうぼん》」の中に説かれるものです。

1、択法覚支《ちゃくほうかくし》――法の内からふさわしいものを選択し、そうでないものを捨てることをいいます。まず諸教の中から仏法を択《えら》び、又その中から自分に相応の教えを選択します。

2、精進《しょうじん》覚支――努力精進することです。

3、喜《き》覚支――教えを実行できること自体に喜びをもつことです。

4、軽安《きょうあん》覚支――心身を軽やか・快適に調《ととの》えることです。不健康であったり、心に余計なひっかかりやこだわりがあっては修行ははかどりにくいからです。

5、捨《しゃ》覚支――なににつけ事物に囚われている心を捨てます。

6、定《じょう》覚支――精神を統一して深い瞑想の境地に入ることです。

7、念《ねん》覚支――常に仏の知恵を心に思うことです。

⑥ 左に一弁髪《べんぱつ》を垂《た》る（左側頭部に弁髪が垂れている）

これは、お不動さまが我々をまるで一子のように深く想ってくださることの表示です。

⑦額に皺文《すうもん》あり、形、水波のごとし（額に水波のような皺《しわ》がある）

このしわは「劫波《こうは》」といって、大変な年月の表示です。一劫は原典的には約四十三億二千万年といわれています。

お不動さまのお働きは、永遠の過去から未来永劫にわたって存在するのです。

⑧左の一目を閉じ、右の一目を開く（左目を閉じ右目を開く）

この場合、左は邪を表わします。インドでは左の手は食事でも使いません。不浄とされていて、トイレでは左の手で処理をします。

つまりお不動さまは、煩悩の不浄や邪を除き、我々を正しきに導くという意味です。正しいものに至るには、間違いをそのままにしておくわけにはいきません。ここにお不動さまの破悪《はあく》のお働きが必要なのです。

⑨下歯、上の右唇を噛《か》み、下の左唇、外へ翻出《ほんしゅつ》す（上の右唇をかみ下の左唇を外に突き出す）

修験道などでは、これは天地和合《てんちわごう》の意味とされます。また、上に向く牙は天魔《てんま》の類を怖畏《ふい》せしめ、下に唇を翻《ひるがえ》すのは衆生《しゅじょう》を摂取《せっしゅ》（取り込んで救う）する意味ともいわれているようです。

これは古伝の解釈ではありませんが、お不動さまのお顔は左右対称ではなくアンバランスですが、そこをもって「アンバランスのバランス」のようなものを示しているのではないかと思うのです。お庭でいうなら、区画整備された西洋式の芝生に花壇の庭園というより、日本的な野趣《やしゅ》を活かした庭園のようなものでしょうか。真理の目で見れば、一見してかたちがどうあれ、美ならざるはなしです。

⑩ その口を緘閉《かんぺい》す（口を閉じている）

戯論《けろん》なき、という意味です。「戯論」とは議論のため議論のようなもので、なんら有益な結論の出ない理屈に理屈のみを重ねたようなものをいいます。

現実を措《お》いて理屈だけが先行することといえましょう。

古代ギリシャでは哲学者がそういう議論を楽しむ遊びがあり、そういう人たちを「ソフィスト」と呼びましたが、現代でもそういう傾向は多分にあります。お不動さまからみればそれらは所詮、無駄口です。

仏教では、沈黙は非常に重要な説法でもあります。お釈迦さまが黙って蓮の花を捻《ひね》って示したり、智慧第一の文殊菩薩《もんじゅぼさつ》とこれまた智慧の優れた在家の仏教者・維摩詰《ゆいまきつ》が無言の会話をしたりというように、しばしば沈黙は究極の真実をかたるものとされているのです。

⑪ 右手に剣を執《と》る （右手に智剣《ちけん》を握る）

これは智剣といって仏の智慧を表わす存在です（「利剣《りけん》」や「法剣《ほうけん》」という呼び方もあります）。「快刀乱麻《かいとうらんま》」という言葉がありますが、お不動さまの剣はそうした我々のゴチャゴチャした問題や迷いの心をバッサリ切ってくれる「智慧」の剣だというのです。

この剣は密教の行法では、お不動さまの象徴である「三昧耶形《さまやぎょう》」として知られています。「三昧耶」とは平等とか等しいということで、つまりはお不動さまという存在を最も端的《たんてき》に語る形が「三昧耶形」ということです。

三昧耶形は密教では拝むべきすべての仏さまに存在し、本尊のお働きを語る重要な存在です。たとえば観音さまなら蓮華とか、お地蔵さまなら宝珠というように、その種類はさまざまです。お不動さまの場合は煩悩を切る剣「智剣」です。

⑫ 左手に索《なわ》を持つ （左手に羂索《けんざく》を持つ）

これはつぶさには「四摂方便《ししょうほうべん》の羂索」というもので、剣と並んで不動尊の持つ重要な持ち物です。これはいわば、苦海（輪廻）に溺《おぼ》れる我々を助けるための投げ縄です。剣を智慧とするならこれは慈悲の投げ縄です。智慧と慈悲、人を救済するにはどちらも欠かせません。

⑬ 行人《ぎょうにん》の残食《ざんじき》を喫《きっ》す（修行者の残り物を食べる）

お不動さまはインドの奴隷の姿ですから、食べ物も主人の残したものが主だというのです。ここから不動信仰の人は食べ物を残すとお不動さまが食べることになるのでいけないという教育も出てきます。

しかし、バリ島などでは実際、ピーという精霊のためにご飯を、人間の食事とは別にして庭の台などにおきます。日本で行われている施餓鬼なども、形としてはこれに準じます。

もともとお不動さまのモデルはインドの下級の神であるヤクシャ（夜叉《やしゃ》）であると思われ、その昔こうした供養が実際におこなわれていたことは想像に難くありません。

ヒンズー教ではやはり残り物を食べるという神さまがあり、そのためには食後に口をゆすがずマントラ（呪文）を唱えます。マントラは神さまそのものですから、それによって供養することになるそうです。

⑭ 大盤石《だいばんじゃく》に安坐《あんざ》す（大きな岩に坐っている）

お不動さまは仏・菩薩のような蓮華座《れんげざ》ではなく、大きな岩に乗っています。これは『仏説聖《ぶっせつしょう》不動経《ふどうきょう》』によれば、お不動さまが深い禅定《ぜんじょう》の境地に入っておられることを象徴します。『仏説聖不動経』は和製の読誦《どくじゅ》用経典ですが、不動信仰の経典の中では最も多く唱えられています。

また、この盤石はしばしば瑟瑟座《しつしつざ》としても表現されます。赤や緑や青などさまざまに彩色された積み木のようなものがそれで、坐像にはよくそうした座に乗った尊像があります。どちらかというと真言宗に多い形のように見受けますが、この瑟瑟座は実は宝石の座だといいます。

⑮ 色醜くして青黒なり（恐ろしい姿で肌が青黒い）

お不動さまは阿弥陀さまやお釈迦さまが「相好円満《そうごうえんまん》」といって丹精《たんせい》で美しい姿であるのに対し、「諸相不備《しょそうふび》」といって、ことさらに恐ろしく醜いお姿に表現されます。これは外見がいかなるものであれ、その内側には等しく尊い仏性《ぶっしょう》があるという深い密教の智慧から出ています。

青黒い肌の色は、モデルとなったドラヴィダ人がそうであったからなのかもしれませんが、密教では青黒は「降伏《ごうぶく》」といって悪を退ける色とされます。

⑯ 奮迅忿怒《ふんじんふんぬ》す　（怒りの相《そう》を示す）

お不動さまは怒りの相をした仏です。怒りは仏教一般においては瞋恚《しんに》という最もいけない煩悩ですが、密教では一転、怒りの仏が存在します。

お釈迦さまは、「善事《ぜんじ》に励み功徳をつくることがヒマラヤの山のようでも、一遍の怒りでその功徳すべてを失うことすらある」と、怒りについて警告していますが、もちろんお不動さまのこの怒りは、自分が面白くないので怒るというようなものではありません。

我々の無知を呵責《かしゃく》する、大日如来の怒りです。

今の世の中に一番足らないものはこれです。

怒るべきものに対する義憤《ぎふん》です。義に立って邪を破るということは、いつの世にも必要なことです。

それを他人ごとだからと「マアマア、そんなに熱くならないで」などと冷ややかにうそぶくことが、必ずしも良いことではないと思います。とはいえ、当然のことながら怒りの渦《うず》に巻かれたようになるのはよくありません。

お不動さまのこの怒りは、無私《むし》の怒り、エゴのない怒りであることに留意すべきです。

人として、怒るべきことに素直に怒ることは大切です。本書第二章でもマザーテレサの言葉を引用して、「愛」の反対は「憎悪」ではなく「無関心」であるといいましたが、まさにそうです。他者に対する愛があれば、当然、時には怒りも存在します。何事にしても無関心で白けた心であれば、怒りすらそこには生まれません。

たとえば、同じ仏教でもひたすら瞑想によって輪廻の輪から出ることだけを考える上座部仏教では、こうした側面は希薄です。基本的に社会の問題などは、関心事ではありえないことです。上座部仏教の理想では、諦観《たいかん》によって怒りは捨て去ることが必要とされます。

これは大乗仏教だからこそゆるされる怒りです。

お不動さまは、一切衆生《いっさいしゅじょう》を愍念《みんねん》（あわれに思う）するがために、常に怒りをたたえているのです。

⑰ 遍身《へんしん》に迦楼羅炎《かるらえん》あり　（カルラの炎を背負っている）

迦楼羅炎というのは、インドの神話に出てくる猛禽神《もうきんしん》カルラの吐くという炎です。カルラはインドネシアなどでは国のシンボルになっています。

ガルーダ航空という航空会社がありますが、あのガルーダというのはカルラというのと同じです。日本では金翅鳥《こんじちょう》ともいいます。

インド神話では、カルラは自分の母親が蛇族と賭けをして負けた結果、奴隷になってしまったのを悲しみ、蛇族に母を解放する条件として神々の王である帝釈天《たいしゃくてん》の王宮から甘露《かんろ》（不死をもたらす霊薬）を強奪してくるよう命令されます。

カルラは帝釈天の王宮に行ってその軍勢を難なく倒し、帝釈天さえもあっさりと蹴飛《けと》ばして甘露を手に入れて帰ったという、インド神話きっての豪《ごう》のものです。

この時、雷霆神《らいていしん》である帝釈天は武器である雷を放ってカルラと戦いましたが、雷を打ちかけても、わずかにカルラの翅《はね》一枚をおとしたのみといわれています。

カルラは大火炎を吹き出すとされ、お不動さまの背後の火炎にはしばしばカルラのようにくちばしのある顔のような炎が作られます。

このカルラは龍を食べるということから、煩悩の毒龍《どくりゅう》を滅ぼすお不動さまの働きの象徴にもなっています。

私の師匠はよく「五体加持《ごたいかじ》」というご祈祷《きとう》をしました。これは祈願者に向き合って、目をつむってもらい、錫杖《しゃくじょう》を振りながらお経や祭文《さいもん》を読むものですが、主に病気や憑霊《ひょうれい》現象などに悩む人に多用します。

その五体加持のご本尊はお不動さまですが、ある時、霊感がある女性がこれを受けに来たところ、瞑目合掌《めいもくがっしょう》の内にお堂の奥から金色の炎につつまれた鳥が何度もやってくるのがまぶたの裏に見えて、楽になったといいます。これなどはカルラなのかもしれません。

⑱変じて倶力迦大龍《くりかだいりゅう》と成《な》り、剣に纏《まつ》わる（クリカラ龍王が剣に巻き付いている）

倶力迦大龍は、一般には「倶利伽羅龍王《くりからりゅうおう》」として知られています。クリカラは倶梨伽羅とか矩里迦、古力迦とも書きます。倶利伽羅の伽羅という語には「黒」の意味があるので黒龍と思われがちですが、儀軌《ぎき》（密教の修法《しゅほう》のやり方や仏像・仏画のつくり方などが記されているお経）である「矩《く》里迦龍王像法《りかりゅうおうぞうほう》」では、この龍王は全身金色だとされます。

鳴き声は二万億の雷が一時になるほどだといい、首に如意宝珠を掛け、額に一つの玉角《たまづの》があり、雷電の勢いといいます。

人型につくるなら「ビルバクシャ天のようにして」といいます。ビルバクシャ天とは四天王のうちの西の守護神「広目天《こうもくてん》」のことです。つまり甲冑《かっちゅう》姿で羂索と剣を執り、頭上には龍王がいる形でしょう。広目天は龍を統率する神です。広目天自体も偉大な龍王です。また、七頭の龍を頭に載せて蓮華を持ち、坐して如来を仰《あお》ぎ見る姿も説かれています。

なお、インドでは西は「ナーガ方」といわれ、龍の方位とされています（ナーガは龍を意味するインド語)。ですから、西の守護神である広目天自体が、やはりもともと龍王とみなされています。我が国で一般に見られる倶利伽羅龍王は、不動明王の剣に巻き付いた形です。

この龍王単独で不動明王を表わす場合もあり、その場合は「倶利伽羅明王」「倶利伽羅不動明王」などとも呼ばれます。さらに、龍王の四つの足を、不動明王の眷属《けんぞく》(従者)である四大明王(降三世《ごうざんぜ》明王・軍荼利《ぐんだり》明王・大威徳《だいいとく》明王・金剛夜叉《こんごうやしゃ》明王)に当てはめて、この龍王をそのまま五大明王に見立てることもあります。

倶利伽羅龍王は、インドでは八大龍王の中の一尊とされます。ただし、我が国で有名な『法華《ほけ》経《きょう》』の守護神の八大龍王ではなく、密教で説かれる別種の八大龍王です。この八大龍王は、馬《ば》頭観音《とうかんのん》や摩利支天《まりしてん》など仏尊の眷属として登場します。

⑲ 変じて二童子《にどうじ》と作《な》り、給使《きゅうじ》す (矜羯羅童子《こんがらどうじ》と制吒迦童子《せいたかどうじ》が仕《つか》えている)

二童子とは、矜羯羅童子・制吒迦童子という二使者のことです。

普通、不動明王の両脇にいて、向かって左の身色が赤くて棒を持っているのが制吒迦童子、右の身色が白くて合掌している、もしくは蓮華を持っているのが矜羯羅童子です。

制吒迦は暴悪《ぼうあく》で勇健《ゆうけん》であり、対する矜羯羅は優しく美少年的な風貌《ふうぼう》につくることが多いです。

これらはもともと不動尊と淵源《えんげん》を同じくする夜叉神です。私の弟子でインドでヒンズー教の修行をした経験がある井口梵森《いぐちぼんしん》師によると、ヒンズー教には制吒迦の原語であるチェータカの名を持つ夜叉神があり、今でもこの尊に対する供養法はあるのだそうです。

ここでは、原文では「変じて二童子と作《な》り」とあり、不動尊が二童子に変じるとされています。先の倶利伽羅龍王にしても二童子にしても、眷属はそのまま本尊の化身というのは、密教ではよくあるパターンです。

『不動使者陀羅尼秘密法《ふどうししゃだらにひみつほう》』というお経には、こういった眷属の使役法《しえきほう》が説かれていますが、面白いのは、眷属をひとたび呼んだら、用事が済んでも「用がないからしばらくしてまた来い」はいいが「用がないから去れ」といってはいけないということだそうです。とりわけヤンチャな制吒迦童子は、なかなかに使い勝手が難しいように書いてあります。

同経によると、西国《さいごく》の僧侶がこうした童子を使っていましたが、誤って「去れ」とのみいってしまったために、童子は僧のもとよりいなくなり、二度と現われなかったとあります。そのため僧は大いに嘆《なげ》き悔《く》やんだとあります。

――以上で「不動十九観」のあらましはおわかりいただけたと思います。

いろいろなお姿

もちろんすべての不動明王の尊像がこの十九観に則《そ》っているわけではなく、安然さんの十九観以前にはもちろんのこと、それ以降もこれにこだわらないスタイルの不動尊像はたくさんつくられています。

また、この十九観は天台宗の安然さんがつくったものですから、真言宗では必ずしも適用はされません。

真言宗の東寺（教王護国寺）講堂の不動明王像などは、安然さんよりずっと前に弘法大師がつくらせた最も古い不動明王像といわれていますから、当然、この十九観には当てはまらないものがあります。

まず、両目ともしっかり開いておられます。

また、十九観の⑭のところでもいいましたが、盤石ではなく瑟瑟座《しっしつざ》に乗る点が違います。

さらに、「頂蓮《ちょうれん》」といって、頭の上に蓮台《れんだい》を戴《いただ》いています。

これらは十九観とは別に、真言宗を中心に信仰されてきた不動明王のスタイルです。

また、天台宗においても、十九観のすべてが必ずしも適用されているわけではありません。たとえば、十九観に従えばお不動さまは坐像であるべきということになりますが、立ち姿のお不動さまも坐像に負けないくらいの数が天台宗寺院において造立《ぞうりゅう》されています。

また、「感得像《かんとくぞう》」というものもあります。

たとえば滋賀県の園城寺《おんじょうじ》（天台寺門宗《てんだいじもんしゅう》総本山。通称「三井寺《みいでら》」）には、国宝「金色《こんじき》不動明王」（黄《き》不動）の画像が伝えられていますが、普通、不動明王といえば火炎光背を背負うのにこの不動明王にはそれはなく、両目もしっかり見開いて立ち、肩に付けている条帛《じょうはく》という布もありません。実に異例な不動明王なのです。条帛は多くの仏像が着けているものですが、インドの修行者や学生が身に着けたものといわれています。

そして何よりもこの不動明王は、全身が金色なのです。黄不動とも呼ばれています。

なぜこんなお不動さまがあるのかというと、これは智証大師《ちしょうだいし》が、霊感で見たお姿なのです。こういうお像を「感得像」もしくは「感見像《かんけん》」といいます。

もともと仏像というのは、すべて感見像だと思います。

宗教学ではよく密教は象徴の宗教などといいますが、仏像は一々説明できる意味を込めて誰かが想像したものではないのです。

ダイレクトに心相《しんそう》に浮かんだお姿であり、象徴的な説明は後からできるというだけのことです。

智証大師はよく感見をされたようで、現在は和歌山県の高野山明王院《こうやさんみょうおういん》（真言宗）にある「赤《あか》不動」の画像も、智証大師の感得像だといいます。お不動さまは普通は青黒色とされますが、このお不動さまは赤いのです。

また、黄不動と赤不動に加えて、京都の天台宗の門跡寺院《もんぜきじいん》である青蓮院《しょうれんいん》には「青《あお》不動」があります。これも画像で国宝ですが、こちらはほぼ定型の不動明王のお姿です。青いのが当たり前のお不動さまですが、黄不動、赤不動と並び称されるため、わざわざ「青不動」といいます。

また、高野山南院《なんいん》に祀られる「波切《なみきり》不動」（重要文化財）は、右下を睥睨《へいげい》するお姿です。このお不動さまは弘法大師の一刀三礼《いっとうさんらい》の御作といわれ、唐で密教を学んで帰る船の中で弘法大師が感得された像です。荒れ狂う嵐を鎮《しず》めるために出現されたので、波切不動と呼ばれています。

これにちなみ、漁村の近郊などには、同じように波切不動という名前のお不動さまがみられることがあります。

同じように漁業や海上安全に関わるお不動さまでは、山形県の湯殿山大日坊《ゆどのさんだいにちぼう》（真言宗）の「波《なみ》分《わけ》不動」がありますがこちらは剣の先を口でくわえて半分龍体となった迫力ある姿のお不動さまで、ちょうど倶利伽羅竜王に変身される途中のような感じのお仏像です。

さらに大阪の犬鳴山《いぬなきさん》七宝瀧寺《しっぽうりゅうじ》（真言宗）の「倶利伽羅不動明王」は、まるきり龍体の倶利伽羅龍王そのもののお姿をしたお不動さまです。

また、図像としては四臂《しひ》（腕が四本。「臂」は腕のこと）の像、六臂《ろっぴ》で黒色の「勝軍《しょうぐん》不動」、三面六臂の像、四面六臂で獅子に乗る「赤不動」や、輪宝《りんぽう》を持つ「鎮宅《ちんたく》不動」など、実に多くの不動明王のお姿が伝えられています。

この他にも面白いところでは、戦国武将・武田信玄《たけだしんげん》の弟である武田信綱《のぶつな》が描いた、鎧《よろい》を着た「鎧

四臂の不動明王

輪宝を持つ鎮宅不動

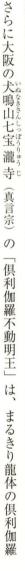

不動尊」。

剣豪・宮本武蔵《みやもとむさし》がつくったと伝えられる、日本刀を構えたお不動さまもあります。ただし、ここのあたりになると感見というのではなく、洒脱《しゃだつ》な遊び心の生んだ芸術作品というべきでしょう。

ちなみにインドにおける不動明王の姿は、『サーダナ・マーラー』というインド密教のテキストによると、「不動明王は火炎につつまれ、服従させ難《がた》い悪魔も滅ぼし、その体は青黒く大きな雲のようで、その身を種々の宝石で厳飾《ごんじき》し、恐ろしい顔をして宝冠をかぶる。犬歯で唇を支え歯を剥《む》きだして額にはしわがある。両眼は天と地とをそれぞれ見、蓮華の上の日輪《にちりん》に坐し、左ひざをつき立ち上がる形である。右手にはフームという梵字を秘めた青く輝く剣を持ち、左手は神々さえ威嚇《いかく》する印《いん》を結んでその印のうちに神々を縛る羂索《けんざく》を持っている」という風だそうです。

そもそも明王の多くは、従来のライバルであるバラモン教（ヒンズー教の母体で、『ヴェーダ』という聖典を最重要視する宗教）の神々を超える威力を示すものとして登場しました。

ですからここでは羂索は衆生を救うというより、インドでは強力なライバルだったバラモン教の神々を縛るものとして示されています。

こうした従来の神々を倒すというあり方は、独り密教だけではなく、相手を超えて吸収するという意味を込めて、インドの神々には全般によく見られます。つまり、古き神々を超えるものとして端的にそれらを踏みつけたり、あるいは倒す武器を持つという表現をするのです。

その他の点ではこの『サーダナ・マーラー』に見る不動明王も、日本の不動明王に踏襲《とうしゅう》されている要素が大変多いといえましょう。

密教はインドからダイレクトに日本に伝えられたわけではありません。

弘法大師や伝教大師といった優れた僧侶が、海を渡り唐の国で学んで、日本にもたらしました。

唐代密教を介して日本に伝えられた不動明王は、日本の神々を脅《おびや》かすのではなく、先の修験道に見るように、むしろ融和していったというのがインドの不動明王との役割の上での大きな違いです。

第四章

不動明王に祈る

護摩《ごま》のお話

お不動さまのご祈祷《きとう》といえば、「お護摩」を思い起こす人は多いでしょう。

「護摩」という言葉は聞きなれなくても、護摩壇《ごまだん》に壇木《だんぼく》を積み上げて火を焚《た》くお祈りといえばわかるでしょうか。

各地の有名な不動明王の霊場《れいじょう》では、ほとんどといってよいほど護摩でご祈祷がなされます。お正月になるとテレビで流れる初詣《はつもうで》の風景でも、よく見るでしょう。

これも密教独特のご祈祷です。もっとも密教らしいご祈祷といってもいいでしょう。ですから、原始仏教の時代には、まったく存在しませんでした。

あったのは、バラモン教の「ホーマ」という儀式です。これは後のヒンズー教でもさかんにおこなわれました。ヒンズー教では「ヤッギャ」と呼ばれます。ホーマを焚くにはそれなりの人数もいりますし、かなり大がかりな儀式なのですが、ヤッギャはホーマより簡略化されたかたちで焚かれているようです。

最近のヤッギャの炉《ろ》である「クンダ」には、持ち運べるものもあるようです。

ホーマもヤッギャも、基本的にはお供物《くもつ》を焼いて煙にして天の神に届けるという儀式です。こういう考えはインドだけではありません。世界中の宗教に似た考えの儀式が存在します。ヒンズー教ではこうした神々への祭祀《さいし》はとても重要です。

密教ではこれに仏教的な意味合いを込めて、いわば換骨奪胎《かんこつだったい》しました。それが「護摩」です。なお、護摩という語は、ホーマを漢字で音写したものです。

密教は「象徴の宗教」ですから、供物は皆すべて「象徴」として扱われます。密教では焼いて供養する供物の一つ一つに意味づけをしたのです。

護摩をおこなう密教僧

たとえば焚かれる護摩木ですが、これには二種類あって、薪としての役割の「壇木」と、供物としての役割がある「乳木《にゅうもく》」に分けられます。

乳木は乳と乳の間の長さだから乳木なのだという俗説がありますが、実際はインドでは乳製品である「蘇《そ》」というものにひたして焚いたので乳木というようです。

「蘇」というのはインド料理に使う「ギー」だ

と思って間違いないでしょう。神聖な動物である牛から出た乳製品は神聖なものと考えるのです。日本の密教では、乳製品は動物質のものであるとして、基本的には使いません。牛に対する一般的信仰がないからです。牛はインドではシヴァ神の眷属《けんぞく》（従者）で、もっとも聖なる動物です。我が国では代わりに胡麻油《ごまあぶら》を使うのが一般的です。つまり、乳木という名前ではありますが牛乳は用いず、胡麻油をちょっとつけて焚くのです。

この乳木は、実は私たちの体を象徴しています。身体百八節《せつ》といって、人体は仏教的には百八に分類されますので、百八本の乳木を焚きます。

このほかに供物として芥子《けし》、胡麻、粳米《うるちまい》が焚かれます。芥子は瞋《いか》り（怒り）、胡麻は愚痴《ぐち》、粳米は貪《むさぼ》りを表わします。つまり、三毒《さんどく》と呼ばれる我々の煩悩《ぼんのう》です。

これらは単独のみならず、途中からは、混ぜ合わせた合物《ごうもつ》という形で焚かれ、いわば、常にさまざまな煩悩でいっぱいの我々の心そのもののような物が焚かれるわけです。

早くいえば、我々の身も心も、すべてを象徴的に焼いてしまうのが護摩なのです。

これはちょっと驚きですよね。

どうしてそんなことをするのでしょう。

そもそも護摩は、密教においては、ご祈祷というよりも、「即身成仏《そくしんじょうぶつ》」のための修行法なのです。ご祈願のために焚くというのは、そのあとのことです。

そして、即身成仏のための障《さわ》り（障害）は煩悩であるので、まずその煩悩を象徴的に焚いて、なくすのです。しかもそれだけではなく、驚くべきは煩悩の出所《でどころ》の我々自身をも焚いてしまうのです。

身も心も、自分自身をすっかり焚いてしまったら、あとに何が残りますか？

何も残りっこないって？　それでも残るのが「本当の祈願」と考えるのです。

逆説的ですが、そういう考えのもと焚かれるのが仏教の護摩です。

しかも面白いのは、「増益《ぞうやく》」といって、利益《りやく》を増やすことの祈願。たとえば商売繁盛《しょうばいはんじょう》や学業成就《がくぎょうじょうじゅ》もこれですが、そのために焚かれるのが貪りの象徴として焚かれる粳米です。こういう祈願に応じて焚かれるものを「相応物《そうおうもつ》」といいます。

たとえば粳米は今いったように「増益」の相応物です。お米は美味しいもので、ついつい欲張って食べてしまうから、これを「貪り」に当てます。

貪りを滅ぼしてこそ真の利益がある。そう考えるのです。

矛盾しているようですが、現世利益《げんぜりやく》を求めるうえで、その「ご利益を欲しい」という欲を、まず先に焼いてしまうのです。

芥子は「降伏《ごうぶく》」といって、よくないものを退ける。悪魔や悪人を追い払い遠ざけるご祈祷の相応物です。

これも芥子を自分の「瞋り」として、まず焚いてしまうことが必要です。個人的な好悪から人を退けるとか、あの言動が気に入らないから仕返ししてやるなどということは、まず第一に捨てます。

そして本当にギリギリ退けなくてはいけないものは、すべて退けるのです。

胡麻は愚かさである愚痴の象徴で、「息災《そくさい》」の相応物です。息災とは災いを除いて安全であるということ。まず自らの愚かさを焼くことが、息災への道ということです。

こうやってみれば、護摩が元来は自己の煩悩を浄化するためであるという本来の姿が見えてくると思います。

密教というと、何か「おまじない」の一種か「魔法」のように思っている人がいて、ごく稀《まれ》ですが「密教には降伏といって敵を退ける護摩があると聞きました。是非ライバルを倒したいのでやってもらえますか？」などという依頼をしてくる人がいます。

しかし、まず自分のその良からぬ煩悩を焼くことが護摩なのですから、そういう目的で護摩ができるかどうかは自明《じめい》の理《り》です。

お不動さまは、お布施《ふせ》さえ払えばどんな願いでもかなえてくれる……などということは、絶対にありません。

あくまでも、正しきを正しきところに置くのが密教の祈祷です。

お不動さまも仏さまですから、正しい人にしか加勢しないでしょう。

もしその人が本当に非道に苦しめられているなら、話はまた別になります。

それでも百パーセントの正義というのはまずありえません。

何を祈るにせよ、何かまずいことがあるなら、まず反省あってこその祈願なのです。

このことは、どんなに大金を積んでも、どんなに堂塔伽藍《どうとうがらん》を建立《こんりゅう》しても、変わらない真理なのです。

昔、今の中国に梁《りょう》という国があり、武帝《ぶてい》という王さまがいました。この人はインドから仏教を伝えに来た達磨大師《だるまだいし》を呼んで、「朕《ちん》は仏教を崇め、堂塔伽藍を建立すること多年である。その功徳はどのくらいかね?」と尋ねたところ、達磨大師は「無功徳《むくどく》です」と答えたといいます。

仏教へのお布施をすることを、別名「喜捨《きしゃ》」といいますが、目的や下心があってすることは「喜捨」にはなりません。

王さまは、さぞご利益があるだろうと思ってやっていたのです。

達磨大師は、あなたがしているのは交換条件のようなもので真の喜捨とはいえず、功徳にはならないのだといったのです。

達磨大師の言葉は厳しいですが、逆にいえばこういう交換条件のようなことをして仏さまの歓心《かんしん》を買おうとしなくても、正しい祈願は成就するのです。

何故なら、密教では不動明王も含めてすべての仏は「総願《そうがん》」といって、五つの誓願を立てておられます（ちなみに顕教《けんぎょう》では諸仏の総願は「四弘誓願《しぐせいがん》」といわれます）。

第一は、「衆生《しゅじょう》は無辺《むへん》なれども誓ってこれを度《ど》せん」というものです。

これは限りない存在の衆生、つまり生きとし生けるものを皆、救っていこうというのが諸仏の変わらぬ大慈悲《だいじひ》の御心です。「度す」というのはサンズイがつけば「渡す」という字になるように、悟りの岸に衆生を渡すことをいいます。

第二は、「福智《ふくち》は無辺なれども誓ってこれを集めん」というものです。

実は、顕教の総願である「四弘誓願」には、これはありません。その代わり「煩悩は無辺なれども誓ってこれを断たん」というのが入ります。密教では「煩悩即菩提《ぼんのうそくぼだい》」ですから、単に煩悩を嫌い根絶するのではなく、そこから学ばねばなりません。

そして密教では「福智は無辺なれども誓ってこれを集めん」という、この第二願が入るのです。

無辺の福智（福徳と智慧）を集めると誓うのは、考えれば極めて欲が深い話のようですが、密教ではこれを「貪欲」とはいいません。「大欲《だいよく》」といって、自分一人にとどまらない衆生を含めてその福祉を考える大きな願望は、これに当たります。だからどんなにご利益を頂いても、それが周囲を活かしていくなら、それは貪りではなく立派な誓願の成就になるのです。

第三は、「法門は無辺なれども誓ってこれを学ばん」で、これは顕教でいう「法門無量誓願学」にあたります。意味は同じく仏道をどこまでも求めて修行することです。

第四は、「如来は無辺なれども誓ってこれに仕えん」で、密教では、単にお釈迦さまの言葉を経典に聞くのみならず、他のさまざまな諸尊に信仰を運ぶことが、そのまま仏道修行に繋がります。

第五は、「菩提は無上なれども誓ってこれを証せん」で、仏道の究極の目的である悟りへのアプローチを続けていくことです。

以上の五つです。

特に諸尊にはおしなべて「福智は無辺なれども誓ってこれを集めん」という誓願があるので、これによって我々の現世利益の願いにも答えてくださるのです。これは仏が誓願として自らに課していることなので、何か金品を積んだり、歓心を買うことで左右されるものではありません。

先ほどの話に戻りますが、よく時代劇などでお殿さまを呪殺するため、忍者の統領《とうりょう》や修験者《しゅげんじゃ》が護摩を焚いているシーンなどが出てくるので、そういう人を傷つけることも護摩を焚くと可能なのだと勘違いするのでしょう。

無論、そういうことも昔はなされたことがあったでしょう。当時は絶対的な身分制度がありましたから、どうにもならない暴君や悪い権力者から逃れるためには、そうした行為があったかもしれません。

時代を考えればそのすべてを悪とはいいきれませんが、今はそういう人物を祈り殺す他は手段がないというような時代ではありません。少なくとも我が国はそういう状態ではないでしょう。これは誰が考えてもわかることです。

たとえば忠義の武士が艱難辛苦《かんなんしんく》の末に無念を呑んで死んだ主君の仇討《あだうち》を果たす「忠臣蔵《ちゅうしんぐら》」は、美談であるとされていますが、今現在はああいう行為をして誉められることはないでしょう。それと同じことです。

本題に戻りますが、護摩はまず自らを省みて、無用の煩悩を離れることから始まるのだということを忘れてはなりません。

たとえ護摩を焚かなくても、不動信仰はここからはじまるのです。

お不動さまを拝む時、お不動さまが背負っている火炎に心を寄せ、自らの貪《とん》(むさぼり)・瞋《じん》(いかり）・痴《ち》（おろかさ）の三毒煩悩を、その火炎で焼いてもらうことに思いを致すべきです。

お不動さまは、火生三昧《かしょうざんまい》というすべての煩悩を炎で浄化する三昧に入られているので、護摩には最もふさわしい御仏です。

極端にいえばこの護摩というのは、「火葬」というのと同じことです。身も心もすべて焼いてしまうのですから。

だから不動信者というのは、日々生まれ変わりです。

常に自らを炎に投じて生まれ変わるという不死鳥のように、潔《いさぎよ》く今までのマイナスなものはそのつどすべて焼いて、生まれ変わる。

それが護摩であり、不動明王への信仰です。

辛いこと、失敗したこと、悲しいことを、絶えず焼きながら前に進む。

だからこそ、日々新たに明るく生きて行かれます。

不動信仰の人は明るくて元気な人が多いのも、お不動さまを見て知らず知らずにこの心が動くのだと思います。

実際、火を焚かない「理護摩《りごま》」というものもあります。

観念の中で煩悩を焼いていくのです。

同じように、皆さんは護摩に参列したら、煩悩を焼くチャンスだと思って、この思いをすることで護摩を焚くのと同じ功徳がいただけるはずです。

結果を任せる

護摩で焚かれるものにさまざまな意味があることはお話しました。

本当は秘密供養ですから、そういうことは行者だけが知っていればよかったのですが、現代のように知的探求心が段違いに発達した世の中では、いたずらに隠しておくことで何か幼稚で意味のないことをするように思われるのはかえって良くないと思います。

今でも「密教なんだから、在家信者なんかには一切何も教えないのがいい」という考えの方もいるかもしれませんが、私の意見は違います。それではかえってあらぬ誤解から法をそしるということになりかねません。

貪《むさぼ》りを焚いてしまい増益《ぞうやく》を祈る。愚かさを焚いてしまい息災《そくさい》を祈る。瞋《いか》りを焚いてしまい降《ごう》伏《ぶく》を祈る。

こうした一見矛盾した仕組みになっているのは、まず煩悩を取り去り、真実の祈りを見極めるためなのは、すでにお話ししました。

同時にこれらはお供え物でもあります。お供物なのです。

ですから、息災の祈祷なら、私の愚かさを胡麻にのせてお不動さまにお供《そな》えすることになります。

自分の愚かさも怒りも欲望も、すべてお不動さまに預けてしまうのが護摩です。

そして護摩でなくても、不動明王の信仰はそこにこそあるのです。

だからたとえば、学校や会社で不当に扱われ、いじめられている。悔しい。割り切れない瞋りがあったとすれば、それをお不動さまに預けるのです。

お不動さまに心を合わせましょう。感じ取るのです。

自分の悲しい心とお不動さまの心と並べてみてどうですか?

お不動さまの心がそれに対応して動きますか?

私は霊能者じゃないからお不動さまの心なんてわかりっこないというのは、思い込みです。わかるはずです。わからないものと決めているからわからないのです。

感じることです。これを「感応道交《かんのうどうこう》」といいます。

無論、あくまで自分の感じで良いのです。信仰とはおしなべてお不動さまだけでなくここが大切なのです。

私はいわゆる人を呪う祈祷などの依頼は受けませんが、不当な目にあわされている方の問題解決のために祈ることはあります。

すると「ああ、これはお不動さまが怒っている」とわかることがあります。これも感応道交です。私は霊能者ではないのですが、祈りの現場ではお不動さまと繋がります。

密教の言葉で「加持《かじ》」といいます。「加持祈祷」というでしょう。

「祈祷」というのはほかの宗派でも宗教でもいいますが、「加持」は密教の言葉です。

加持は、水が月を映し出すことによく譬えられます。この場合、月が仏さまを、水が我々の心を譬《たと》えています。

心の水に波が立っていれば、月の形は歪《ゆが》んで美しく映りません。

密教祈祷には、まず心の水を澄ますことが大事なのです。

月がハッキリ映れば、答えは出ます。つまり効験《こうげん》が現われるのです。

ここにいう月は仏であり、心を澄ませることにより、それがそのまま映ることが護摩であり密教の祈祷です。

お不動さまは仏さまですから、決して一時の感情や同情でお怒りになることはありません。ましてや仏ともあろうものが、お布施をはずめば余計加担《かたん》するなどということもありえません。

でも、お不動さまの気持ちと私の気持ちが一つになれば、そこに不思議が現われます。具体的にどうなるのかはケースバイケースです。

人間関係のトラブルにおける霊験では、一番多いのは、害をなす人が何らかの事情で自分の目の前から去って現われなくなるというケースです。

しかしながら、相手が去るように祈るのが良いというのではありません。

自分の気持ちにお不動さまのほうを合わせようとするのは無理なことです。

こちらがお不動さまに合わせるほかないのです。結果はお不動さまが決めてくれます。

ですから、たとえ酷い話を聞いて、「これは許せん。懲《こ》らしめなくては！」と思ったとしても、それでそういう祈願が成るのではないのです。

そして自分にお不動さまのほうを合わせて動かそうとすることは、全くの徒労であるばかりか祈りの妨《さまた》げです。

でも、「これは放ってはおかれぬ」というお不動さまの心が背後にあって、祈る者もそれを感じる。そういう場合は現実が動きます。

自分だけが怒ってもムダで、いわゆる「ごまめの歯ぎしり」でしかありません。

世の中には、理不尽なことがたくさんあります。でも、全くの正義というのもなかなかありません。皆どこかで少しずつ調子がくるってきて、しまいにそういう好ましくない結果となるのでしょう。

それが真実にわかるのは、お不動さまのような神仏だけです。

ですから問題は何につけ、まるごとお不動さまに預けましょう。

何を祈ってもいいですが、あくまで結果を祈るので方法や経過を祈ることは無用です。それはひとたび預けたものに一々口出しするようなもので祈願を頼むことにはなりません。

私は以前、子供のいじめのために「いじめ退散祈祷」というのをある出版物に発表したら、ある本山のエライ方に大変批判を浴びたことがありました。正確にいうとそのエライ方がどなたか名前も知らないので、そんなことが「あったらしい」です。

「いじめ退散とは何事か！」だそうです。

出版社は偉い人が怒っているということで大慌てでしたが、「どこの誰だか知らないが、なんか文句があるなら直接どうぞ」といっておきましたが、何もいってきませんでした。

おそらく子供の「いじめ」がどんなに凄惨《せいさん》で無慈悲で大人も介入できないことなのか、その偉い人は、所詮は子供の喧嘩《けんか》なのだという程度の認識で、ご存じないんですね。

でも、その「子供の喧嘩」で自殺者があとを絶たず、問題視されているのです。

祈祷や相談の現場からいわせてもらえば、こういう「仏教なんだから穏便に考えて……」という建前論だけで物を考えていては、現実に対応できません。

まして、そういうトラブルで「降伏」ではなく「退散」を祈るのは、私にいわせれば当たり前のことです。

その方は私がいじめっ子を「死んでしまえ」とか「登校拒否」になれとか祈っているとでも思ったのでしょうかね？

たとえ、そういう「降伏」のご祈祷をしたとしても、自分が先頭に立って怒りの塊《かたまり》のようになっていったところで、本尊が感応しないならどうにもならないのです。

結果はすべて本尊任せです。

私の弟子で、やはりいじめ問題の解消を何とかしてほしいと頼まれて拝んだ者がいましたが、お不動さまにお祈りした結果は、逆に相手の子供と急速に仲良くなって解決したというものでした。

「どうこうしてください」ではなく、すべての解決を仏にゆだねるのが真の祈りです。

余談ですが、密教の祈りを、いわゆる世間でいう「願望実現法」のように思っている人がいます。

しかし、それは全くの間違いです。願望実現は成るべき目的である「アウトカム」までの道筋を具体的にシッカリと立ててそれが実現するよう進むものです。

祈りはそうではありません。大事なことは、最終的にどうしてほしいかだけです。それさえしっかりしていれば、目的までのコースは本尊にお任せです。

このお任せの部分が「信仰」というものです。

お任せとは全く逆に、世の中には天部の諸尊など自在に使役して願望をかなえるのが密教のご祈祷であるなどと勘違いしている人がいます。

稀に、「神々を使って自分の願望を叶えるようはたらかせたいのですが、どうしたらできますか……?」などという質問を受けますが、役行者《えんのぎょうじゃ》や不空三蔵《ふくうさんぞう》、弘法大師《こうぼうだいし》ならともかく、ただの凡俗の人間がそのようなことを考えるのは笑止千万です。もちろん、私のような者にも全くもってできるわけがありません。

さて、少し前ですが「デスノート」という漫画があり、映画にもアニメにもなりました。これは主人公が死神のノートに悪人の名前を書いて人知れず殺していく話ですが、しまいには自分がその正体を知られないために、次々悪人でもない人たちをも殺していこうとする。

それも死に方まで指定して、何か絶対的な神にでもなったかのように傲慢《ごうまん》になって自滅していくお話でした。

もし誰であれ自由にこういうことができるなら、同じ過ちに陥《おちい》る可能性は少なくないでしょう。

密教の祈祷には悪人を退ける「降伏法」もありますが、決してそういう類のものではありません。結果は仏にゆだねます。あれこれ仏に注文つけて自分の意に従わせようとすることは、到底信仰とはいえません。

もう一つ大事なことがあります。

これはたとえば病気などでもそうですが、必死なのは当人が一番必死なのです。私がいかに同情しても本人以上ではありません。

だから私は丁寧に祈ることはしますが、いわゆる「必死」には祈りません。必死に祈らなくてもよいのは、本尊を信頼しているからです。

そして「法」を信頼しています。

だから思い切り力《りき》んだ拝み倒すような拝み方はいらないということです。

そんなことで祈願が成就するなら当事者だけで十分なはずです。

当事者より必死なものはいませんから。

でも、そのようにして仏は拝み倒せるようなものではありません。

修行には過酷なものもあります。道場に籠《こも》って十万遍《べん》あるいは百万遍、真言を唱えることもします。何日もかかって険阻《けんそ》な山に登る山岳修行もあります。寒中滝に打たれる。断食をする等々。これらは修行なのです。修行の目的は仏道の目的である悟りを得ること以外にはありません。

でも、「祈願」にはそんなことはいらないのです。本尊に対する信頼さえあればそれでいいのです。願掛けとして昔から茶断ち、塩断ちなどする人もありますが、これも感心しません。これは交換条件的な祈りになってしまいます。

お不動さまは塩分やお茶を取らないことを別に喜びはしません。

こういう交換条件の祈りは取り引きです。仏は取り引きする者ではありません。

その心に、むしろお不動さまは喜ばず、眉をしかめられるでしょう。

また、健康の上から見て酒やタバコを止めるなどということは概して望ましいことのようにされますが、これも同じく取り引きの材料にするのでは感心できません。

逆にいえば取り引きではないのなら、たとえばお金がなくてご祈祷を頼めなくても、何か特別な行をしなくても希望を祈ることは、何もはばかる必要などないのです。

なんであれ悪いことでないと思うなら、遠慮なく祈って良いのです。

お不動さまが求めるのは、あなたが仏道に適《かな》う人になってほしいだけです。

同時に、お金のある人にありがちな「もしこの取り引きがなったら何々を奉納するとか、いくら奉納する」とかいう祈願も感心しません。これも交換条件だからです。

もちろんお礼をしたい気持ちは大事ですが、祈願が叶ったらその時にお礼を考える。それでいいのです。

祈願の成否などは別にして、奉納したい気持ちこそが本当の布施です。

僅《わず》かにものを奉納する約束や難行苦行のマネなどして、エビで鯛を釣ろうとするなど神仏を軽く見ることになります。こういう浅はかな考えは厳《げん》に慎《つつし》まねばなりません。

宝くじはご利益で当たりますか？

この原稿を書いている時、ご信徒さんから面白い電話がありました。

実はこれはお不動さまのお話でないのですが、拙寺で去年、毘沙門天《びしゃもんてん》の「小判お守り」を出しました。

うちは普段は観音《かんのん》信仰と聖天《しょうでん》信仰がメインですのであまり毘沙門さまの祈願はしないのですが、その時はたまたま毘沙門さまのお使いであるムカデの絵がついた金属製の小判のレプリカが三十枚ばかり入手できたので、そういうお守りをつくったわけです。

いささか余計な話をしますが、このお守りを拝んでいたら、霊感のある信者さんがあとから「先生が拝んでいる時、内陣《ないじん》（お堂内の、ご本尊などが祀られている場所）に、両脇からとても大きな黒い団子虫《だんごむし》みたいのが入ってきましたよ」といわれました。

たぶん、毘沙門さまのご眷属《けんぞく》さん（神仏の従者）でしょう。その時は双身毘沙門天王《そうじんびしゃもんてんのう》のお浴油《よくゆ》というのをしていたのですが、道具立てが聖天さまを拝む時と全く同じなので、その信者さんはてっきり聖天さまだと思い、何故に聖天さまにそういう虫が出てくるのか、内心、不思議がっていたそうです。おそらく団子虫ではなく、毘沙門さまのご眷属のムカデだと思います。

さて、その小判お守りを授与された方の中に、宝くじが当選した人が出ました。といっても高額当選というようなものではありません。その方はそのお金をお寺の修復に寄付したそうです。

でも、こんな人もあります。

「実は宝くじが当たったのですが……」「それはよかったですね」

「でもこれ、なんか仏さまに馬鹿にされたような気がして喜べません……だって、たった五千円ですよ」

話を聞くとその方は、仏教の勉強資金に十万円くらいが当たるようお祈りして買ったそうです。

これは全くの勘違いです。

こういう考えの裏には、そのお金で良いことをするのだから高額の宝くじがあっても神仏があるなら不思議じゃないのでは……？　という疑問があるのでしょう。

でも、ここに大きな間違いがあるのです。修行のお金ならなおさら自分でつくることです。その過程ではご守護を頂くことはあるかもしれません。でもまずそのお金をつくること自体が修行なのです。

だから、いくらいいことに使うからといって、お不動さまが楽々大きなお金をただで下さることは断じてないのです。

人間というものは、自分で生きていくものです。神仏が代わりに生きてくれるわけではないのです。経済活動も同じで、自分が稼ぐからこそ自分のお金になるのです。まずこれが基本です。どんなに崇高な目的を抱こうと、抜け駆けはありえません。この世はそういう場所なのです。

不動明王の信仰はまだしも、聖天尊などの強烈な天部の信仰などをしている人には、ここがまるきりわかっていない人が時々います。

どんなに良いことを考えていようが、宝くじのお金などは「横財《おうざい》」といって、自分が生業で手に入れたお金である「正財《せいざい》」ではないので身につきません。

横財は横財で、それで人生を楽しんだり、皆で会食したりパッと使ってしまえばいいのです。

しかし、それが大きいお金ですと生活が派手になって、身を誤ることもしばしばのようです。ましてやそういうお金はあてになりません。人生の資金には成りえないのです。ましてや、多くの場合、そういう大きな「横財」は当たれば当たるで、必ず自分の福分をそぎ落とすことになりますから、扱いはきわめて難しいのです。ラッキーですが、ただラッキーなばかりじゃないのです。

宝くじを買うことは夢を買うことだと思うので、いけないとまではいえません。しかしながら、本来は遊びや楽しみの域でしかないのです。

買うならそのつもりで、夢を買うのです。昔は富くじといってお寺や神社がこれをやっていて、江戸などの都会の人の娯楽でした。あくまで娯楽なのです。

自分で生んだものでなければ身につかないというこの考えは、すべてに通じる考えです。

私が聞いた限りでは、この信徒さんのお話は、何も当たらないのじゃなく五千円あったことで、その人に願いを受け取る毘沙門天の存在することを知らせ、しかもそういう祈りをするものではないという訓示のようにさえ思います。

同じように、「私は立派な人になって世の中に尽くしたいので東大に入れてくれ」などという祈願は、まずそのためにみあう勉強や学力が前提のことです。

その程度の理解がないままに世の中に有益な人になることは、どだい無理です。

「受験なんですけどどうしたらいいのか……」という質問もよくありますが、答えは「まずはしっかり勉強してください」というほかありません。こういうと相手は拍子抜けするようですが、祈願だけで合格するなら勉強は必要ないことになります。いくら拝んでも頭に入っていないことなど出てきません。祈願は祈願としておくにしても、そういうものだけに頼ろうとするのはおかしいことです。

たとえるなら、味噌や塩などの調味料はとても料理をおいしくしますが、祈願だけで物事をなそうとしようとすることは、ちょうど、何も料理の乗っていない皿に調味料だけを盛って食べようとするようなものです。

どんな祈願も、まず自分が一生懸命するということがあっての話です。

受験のことはともあれ、宝くじは何も準備せず、偶然だけに掛けることですから、てんで比較にもならないお話です。

まず、前提の整わない祈りは、真面目な祈りとはいえません。

それは横着な祈りであり、叶う理由のない祈りです。

同じように、商売や営業を怠けていて儲かるのは無理ですし、病中でありながら医者にもいかず健康を気に掛けないで病気平癒は無理です。

働いて儲ける。勉強して合格する。養生して治る。

こういう当たり前のことにご利益やご加護が感じられるのが正しい信仰です。

また、霊験《れいげん》に対する認識ですが、奇天烈《きてれつ》などう考えても不思議なことでないとご利益には思えないという人は、信仰に対する理解が誤っているというほかありません。

霊場である寺院も、この点は慎重に考えるべき点なのです。そういう奇跡的なことばかりあると吹聴すると、信仰とはそういうものだと人は思うのでしょう。

昔の何とか霊験記のようなものです。もっとも、宗教ですからそこに奇跡を期待してはいけないとまではいえません。

なんといっても、祈りは最後の希望ですから。

そういう霊験記のような霊験も実際に存在します。

重いご病人にはそういうことを期待する人も多いことでしょう。

それはそう期待していいのです。医学的に考えて治らないからそれだけでもうダメというのなら、宗教の出番はありません。

ただ、奇跡でなくても、なせばなる範囲のことは自分でしなくてはならないということです。

それをせずに良いことをタナボタのように期待するのは、信仰とはいえません。神仏に「おんぶにだっこ」は期待できません。

すべてを神仏にお任せするという心構えは大切ですが、しかし、人として自分でしなくてはいけないことはお任せできるわけはありません。そういう人にお不動さまがほほ笑むことはあり得ません。

具体的な祈り方

では、具体的には、お不動さまにはどう祈ればいいのでしょう?

一番簡単な方法は、お不動さまの真言をたくさんお唱えすることです。

何せお不動さまは、「真言の王」たる明王の、さらにまた王者なのですから、その真言はとても強い神秘の力が秘められています。

本書第一章で申しましたように、密教では、真言を唱え、印《いん》を結び、観想《かんそう》を凝らしますが、この中で最も誰もが実践しやすいのが、真言の念誦《ねんじゅ》です。

そしてこれが、密教の最も基本です。故に、「真言密教」という言葉もあるのです。

私が属する天台寺門宗《てんだいじもんしゅう》では、密教の基本的修行である「加行《けぎょう》」の前行《ぜんぎょう》には、お不動さまの真言を十万遍唱えることになっています。

あしかけ八日間で十万遍ですから大変です。

拙寺でも、密教を希望する修行者にはこれを課しますが、もちろん日常のすべての作業はやめてそれにかかりきりになるため、道場に籠ります。

八日間のうちには精神的に特殊な状況となるため、ただただ涙が出てきたり、いろいろな過去の思いが錯綜《さくそう》します。神仏の姿を見る人もいます。

同時に、カルマ（業《ごう》）の洗い出しが起きていきます。

真言にはそういう力があります。そしてそれには、お不動さまが最もふさわしいご本尊なのです。

ただしこれは「如法《にょほう》」といって、定められた正しいやり方でしないと危険もあります。

どういうことかというと、日常的にいろいろな作業をしながら本格的な修行をすることはできません。おかしな精神状態になったり幻覚に陥《おちい》ったりすることもあるのです。

古来これを「魔が入る」といいます。必ずそういう行は定められた道場で、期間を決めて行わなければなりません。

行にはそういう怖い面もありますから、本格的なものは慎重に指導者のもとで、しかも環境の整った道場でしないといけないということです。これは真言念誦だけでなく、坐禅でもなんでも修行とはそういうものです。

ですから、闇雲に数多くやればいいというのではなく、真言を唱えるといっても、まず普通の人は千遍も唱えればいいと思います。千遍は、密教で一座《いちざ》（一回）の行法に定められた数です。あるいは百遍でもいいのです。

では、数はどうやって数えますか？

それはお数珠《じゅず》で数えます。この場合は、お数珠は百八珠ある数珠を用意します。百八の珠《たま》がついているならなんでもいいのですが、繰りやすいのは通常、天台宗で使っている一つ大きな珠がついているものが使いやすいと思います（なお、天台寺門宗では普通これは使いません）。

この大きな珠は「記子《きし》」といって、通常二つ付いているのが多いのですが、天台宗の場合は一つのものがあります。これだと珠を繰《く》りながら真言を唱えて一周するとちょうど百八回唱えたことになります。これを大雑把に百とします。余計の八回は、数え間違いのために予備で繰ります。一周したら記子についている房の珠を一つ動かします。一周したという記憶のためです。だからこの珠を「記子」といいます。この記子を十個動かすと千遍になります（正確には千八十遍）。

二つの記子がある場合は、二つ目の記子の手前で折り返して戻れば百八遍です。二つ目の記子は阿闍梨《あじゃり》さんや祖師を象徴するものなので、これを越えてはいけないといいます。つまり片面だけ使うことになるのです。

お不動さまの真言には何種類もありますが、「慈救呪《じくじゅ》」と呼ばれる「ナマク・サマンダバサラナン・センダマカロシャナ・ソワタヤ・ウンタラタ・カンマン」が、古来もっともよく親しまれ唱えられています。それが長くて覚えにくいという方は、「ナマク・サマンダバサラナン・カン」という短い真言でもいいでしょう。

あるいは数にとらわれず、ただただ、心のままに唱えても構いません。

念誦は慣れてくればどこでもできるのですが、初心の内は、やはりお不動さまのお札《ふだ》なり仏像、仏画の前でするのが正しいと思います。

その場合は、必ずお寺で拝んでもらったお札や仏像、仏画をお祀りします。

むかし、私の姉弟子が修行をしていて、真言が一向にご本尊のお不動さまに届かないというのです。

それを聞いた師匠が、「あ、そうだ。開眼《かいげん》していなかった！」と気がつきました。開眼とは仏像や仏画に、いってみれば魂入れをすることです。

その姉弟子は霊能者でしたから、そう感じたのです。一般にはそういうことは気がつかないでしょうが、やはり拝んでもらっておくべきです。

一般家庭では仏像、仏画はなかなか大変でしょうから、お不動さまの霊場で出しているお札やお御影でもいいのです。

念誦の時、大切なことは、良くできる時もあまり気の乗らない時もありますが、これは天気に晴れもあれば曇りもあり、雨や雪の日もあるのと一緒ですから、あまり気にしないで続けることです。

むしろ念誦を始めると、そういう自分の心の状況に敏感に気づきだします。

真面目な人だと、一度始めたら真言念誦を怠けると罰が当たるのではと心配する方もいますが、これは自分のための行でお不動さまのためではないので、罰などは当たりません。あなたが真言を唱えなくても、お不動さまは少しも困らないのです。ただ、それを残念には思うかもしれません。なんでも中途でやめては力になりませんから。

たとえば空手の手刀《しゅとう》はよく固い屋根瓦を砕くことができますが、初心者はスタイルは同じでもできるものではありません。瓦《かわら》を打てばかえって手が痛いでしょう。だからといって空手の手刀が間違っているわけではないのです。何ごとも「薫習《くんじゅう》」といって、続けていくからこそ力になります。

真言を日々繰《く》っていると、いろいろなことに敏感になります。

人によっては霊感のような感覚が湧いてきますが、これは厳密には霊感ではなく「感応道交」というもので、お不動さまの智慧を頂き、それを通して知覚するので、自分の霊感ではないのです。あくまでお不動さまより出たもので、その働きは霊感より優れたものです。

ただし、霊能者は通常でもそれが働きますが、感応道交はあくまでお不動さまとの接触の中で起こることです。真言にはそういう力があるのです。

ですから、もしそういうことが起きても、これをもって安易に自分は霊能者なのだとか特別な人間だなどと思ってはは慢心してなりません。

密教では真言のほかに、さまざまな印《いん》や観想《かんそう》を用いますが、特別な印までいりません。合掌《がっしょう》でいいのです。合掌は「印母《いんぼ》」といって、すべての印の母です。どんな印でも、ほとんどが基本的には合掌からおこします。いきなり結ぶのは印を知らぬやり方です。合掌こそは最上《さいじょう》の印です。

合掌して「南無《なむ》大聖《だいしょう》不動明王《ふどうみょうおう》」と三遍唱えてから念誦を始めるのもいいでしょう。

観想はお不動さまの姿を思うことです。特におすすめなのはお不動さまの炎です。初行《しょぎょう》の内はここにすべてのマイナスを投げ込んで焼いてしまうという気持ちが大事です。プラス面はどうなるかというと、マイナスを焼けば自然と現われてきます。

たとえばあなたが職場や学校でいじめられているとしましょう。

そのいじめられている悔しさ、怒りは、念誦しながらそのままにお不動さまの炎に投げ入れて浄化するのです。

大事なことは三点。

第一は、その悔しさや怒り、淋しさ、切なさ、心配などを、そのまま感じることです。評価することはいりません。もっと積極的に、○○が欲しいとか誰かが好きという気持ちやその他の熱望でもいいのです。つまり、この段階にジャッジは無用ということです。たとえば「腹を立てては仏さまの教えに背くのでは？」とかいう考えは、このレベルではいらないのです。むしろ背かないためすることなのですから。

とにかく、良い悪いは抜きで、そういう居ても立ってもいられない気持ちを、すべて投げ入れます。できれば言葉に出していうと、もっといいでしょう。

第二は、「だから○○して……」というような、具体的なかたちのオーダーは止めておきましょう。たとえば、いくら怒りが込み上げても、具体的にお不動さまにあいつをやっつけてくださいとか、会社を辞めさせてくださいということまでは祈ってはなりません。誰かを好きだから私のものにしてくださいというのもいけません。ただいま直面する問題をどうかなんとかしてほしいという解決を祈る気持ちだけでいいのです。

病気などの場合はこの限りではなく、ただ、素直に治してくださいでいいと思います。

今はとにかく、まず、お不動さまに自分のありのままの気持ちをわかってもらいましょう。

この段階に嘘があってはダメです。

お不動さまは、どこまでもあなたの味方なのです。これは敵・味方の味方ではなく、あなたの側に立つ理解者だということです。何をいっても怒らないです。

だから、気持ちの上ではいくら怒ってもいいです。

事と次第では怒りを隠さず、もう相手を八つ裂きにしてしまいたいくらいに怒っても構いません。

第三に、そう思う自分を観察し確認することが大事です。そしてどんどん炎に投げ入れます。こうするとマイナス感がかえって増大するような傾向も見えたりします。暴風雨のように怒りや悲しみがこみ上げてくることもあります。

それでいいのです。それをしっかり受け止めて感じましょう。隠れていた怒りの気持ちも出てきます。潜在意識の中にある怒りが引き出されてくることもあるのです。

「そういえば小学校の時もこんな風に理不尽にいじめられた」「誰もわかってくれなかった。教師も。お父さんも。お母さんも」――古い記憶とともに、そういう辛い過去の気持ちも出てきます。怒りの根が出てきます。

そうやって、すっかり焼いてしまいましょう。火が静かになるまで。それも続けていけば、だんだんと確実に収まっていきます。もちろん一回や二回では収まらないものも多いと思います。

そんなことしてどうするの？　ただの我慢の仕方にすぎないのではと思う人もいるでしょう。でも、そうではないのです。実はこれは護摩と同じことをしているのです。

すっかり焼いてしまえば、そこに必要な本物だけが残るのです。

護摩では護摩木やいろいろなお供物を具体的に煩悩になぞらえて焼きますが、これは「理護《りご》摩《ま》」というもので、心の中で護摩を焚くのです。

煩悩を焚くことが護摩の本儀《ほんぎ》ですから、同じことです。

本当に欲しかったのはなんでしょう？　怒りの本当の訳《わけ》はどこにあったのでしょう？　そういうところにいきます。

そしてあなたの心に本当に必要なものが与えられます。そして現実も動いてくるのです。なぜなら私たち一人一人が直面している現実とは、本質的には実は私たちの心の影だからです。

赤裸々に訴え、後は任せる。こういう激しい祈りが段々必要なくなれば、お不動さまのお姿も拝むほどに少しずつやさしくなってきます。

ギョロ目で牙をむいた怖いお顔も、なんとなく愛嬌《あいきょう》のあるふうに、観音さまやお地蔵さまなどとはまた違った感じでとても慈悲深く見えてくると思います。

その頃には事態は答えが出たり、だいぶ好転していると思います。

薬師如来《やくしにょらい》を拝んでいるある行者さんに、こういった話をしたところ、「面白いですね。私は同じように祈っていると薬師さまの場合はブラックホールに悪いものが吸い込まれていく感じなんです」と語っていました。仏さまそれぞれに、やはりそれぞれ独特の世界というものがあるのでしょう。

自分自身が不動明王になる

念誦が要領よく大体できてきたら、それを繰り返すうちに、今度はポーンとお不動さまになってみましょう。

「エーッ?・」と驚くかもしれませんが、密教では本尊に祈るだけでは不足で、究極的には自分自身が本尊になることが目的なのです。これが「即身成仏」ということです。

「そんな大それた！　第一どうやってなれるの？」と思うかもしれません。

別段難しい頭を悩ますようなことはいりません。念誦をしているうちに、「自分がお不動さまなんだ」と思えばいいだけです。

そんな「なりすまし」で仏になれるわけがないと思いますか？

「なりすまし」などではありません。

実は「仏性《ぶっしょう》」といって、もう仏は我々の内にいるのですから、改めて苦労して仏にならないでも大丈夫なのです。

その、すでにある仏性を出せばいいのです。

余りふさわしい例ではないかもしれませんが、一生懸命にこれから日曜日にでもアルバイトして一万円の「おこづかい」を稼ぐというのではなく、もう財布に一万円あって出せばいいだけなのと一緒です。

仏性を人格化すると、それが「大日如来」という存在です。「毘盧遮那遍一切処《びるしゃなへんいっさいしょ》」といって、あらゆるところにまします（毘盧遮那は大日如来の別名）。本書第一章でもいいましたが、大日如来は法身仏《ほっしんぶつ》であり、宇宙そのものですから、ましまさぬところなどないのです。当然あなたの中にもいます。

一万円あっても、気がつかなければ出しようがありません。

実は密教で最もいけない迷いとされるのが、「私と仏は全然別なもの」という考えです。

「私なんてお不動さまになれるわけないんです。バカでくだらなくてなんの能力も値打ちもない人間ですから……」

「私なんていなくなっても誰も困らない塵《ちり》のような存在なんです」

そんなふうに思っている人がいるかもしれません。

でも、お不動さまになるのには学問も特異能力も社会的な地位もいりません。なんの資格もいらないのです。

逆にいえば皆、お不動さまになる「ライセンス」は生まれながらに持っているのです。

お金持ちや社会での成功者や容姿端麗《ようしたんれい》で頭のいい人、とびぬけて立派なおこないの人といわれている人がお不動さまになりやすい、ということもありません。そこは関係ないのです。

だから誰であれ、お不動さまになろうとしてなれない人はありません。

それが密教の有難《ありがた》いところです。

お不動さまになるといってももちろんイメージですが、そのイメージがうまく描ければそれが即身成仏の初歩で「加持身成仏《かじしんじょうぶつ》」というものができあがります。

最終目的は「顕徳《けんとく》の成仏」といって、日ごろから行住坐臥《ぎょうじゅうざが》その境地にあって所作や言語がそのままに仏の働きにかなうことですが、今はまずイメージだけでもお不動さまになりましょう。

そのためには本書第三章で紹介した「不動十九観《ふどうじゅうくかん》」など、ざっとでいいから目を通しておいてください。憶《おぼ》えなくてもいいのです。心に残るところだけ頭にあればそれで充分でしょう。

密教ではお不動さまになるために、本尊のイメージのほか「種字《しゅじ》」「三昧耶形《さまやぎょう》」というものが用意されています。

種字はほとけさまを表わす梵字《ぼんじ》です。お不動さまの場合は「」です。「カーン」と読みます（日本では「カン」と短音でいっていることのほうが多いようです）。

「三昧耶形」のほうは、仏さまの働きを表わすものです。不動明王の場合は「智剣《ちけん》」といって智慧の剣です。

まず手順としては、自分の口からカーンという梵字が出てお不動さまに入ると思ってください。お不動さまの体に入った梵字が、光りながらお不動さまの体をぐるっと巡り、今度はお不動さまの口から出てあなたの頭上に入ります。

梵字はあなたの体の中を同じようにぐるっと巡って、また再び口から出てお不動さまに入ります。真言を唱えながら、梵字はあなたとお不動さまの間を往《い》ったり来たりします。

一個の梵字でイメージしてもいいですが、あなたの口から出る真言の一字一字が各々皆「カーン」という梵字になって、お数珠のように繋がっていると思ってもいいです。どちらでもイメージしやすいほうにしてください。その時の気分で変えても結構です。

このイメージでしばらく続けます。

そのうちに自分の体の中に今度は大きなカーンという字が現われ、この字は黒いのですが、周りに白い光を放っているので字の存在がありありと感じられます。真言を唱えるほどに梵字は強く光を出します。

次にそのカーン字がお不動さまの三昧耶形である「智剣」になるのをイメージします。剣には轟々《ごうごう》たる火炎が取り巻いています。

剣に巻き付く「倶利伽羅龍王《くりからりゅうおう》」をイメージしてもいいでしょう。「智剣」はそのうちどんどん大きくなって、あなたと一つになります。

剣は屋根を突き抜け、日本をはみ出して、地球からも出てしまいます。どんどん大きくなって、宇宙大になるまで大きくします。この間も念誦は続けてください。ここのところはあまりこだわるとうまくいきません。こだわりなく「そうなったもの」と考えればいいのです。

そして今度はサーッとつづまって、あなたと同じ大きさになった次の瞬間にお不動さまになります。

まず、お不動さまになった自分の体を眺めましょう。

身は青黒く左の一眼を眇《すが》めて上下の牙は食い違い、剣と羂索《けんざく》を持ち、七沙髻《しちしゃけい》、弁髪《べんぱつ》を結い……

そして、あなたの体からは全身の毛孔《けあな》から猛烈な炎が噴き出しています。

この炎で、心の中のもやもやはなんであれ、どんどん焼いてしまいましょう。

すっきりするまでどんどん焼きます。

そうしていると、時にとてもなんだか愉快になったりもします。

毎回ではないですが、続けていくと必ずそういう瞬間が来ます。

これは「法悦《ほうえつ》」といわれるものです。

嬉しくなったら嬉しくなったで、喜びを火炎で表現しましょう。その時は炎の色がいつになく明るいかもしれません。

何やら今までの手順は面倒に思うかもしれませんが、毎回やって熟達すれば、もう即《そく》お不動さまになったというイメージでもオーケーです。

お不動さまの炎は、強烈に自分の嫌なことやマイナスの感情を焼くばかりではなく、そこには無限の愛や慈悲も込められています。

この炎が広がって、自分ばかりでなく周囲の人のあらゆる問題をも焼き尽くして清浄になるのだと思ってください。家にご病人や問題のある家族があれば、その方も慈悲の炎で大きく包みましょう。

人は時として、思わぬ災難にあうこともあります。

しかし、こういうことを常にしていますと、何かしら難儀《なんぎ》にあっても比較的平静でいられるようになります。

自分の中にお不動さまがいるのだから、「たとえ私は慌ててもお不動さまは慌てない」「たとえ私はダメージを受けてもお不動さまはダメージを受けない」そして常にお不動さまは見てくださっている。

こう考えることで心を平静にして、「不動心」が養えます。

不動信仰の極意

極意というものはなんの極意であれ、口で説明できるようなものでありません。

ですが、ヒント位であれば提供できるかもしれません。

だいたいが秘伝だの奥義だのというのは、あえて口にすれば簡単なものです。でもこれが難しいのです。たとえば剣術の極意は、いくら聞いても剣術をやらねば身には着きません。三味線だろうがスキーだろうが料理だろうが踊りであろうが、やらないではわからないのです。

さらに、やるといってもこれも何年も倦《う》まずたゆまずやらねば、やったなどという内には入りません。

信仰も全く同じです。理屈だけでは、いくら頭が優れていようとわかるものではありません。ですから、哲学的にいって仏教とはどうのこうのといわれても、学問的、客観的に仏教をみるのみで信仰のない人の話は、学問はともあれ、少なくとも信仰の上ではほとんど役に立たないと思います。

これから話すことも、今すぐ「そうだ」とわかるというようなものではないかも知れません。第一、私自身がそんな信仰の奥義に入ったような立派なものではまだまだありません。それは生涯の課題です。

ですから、申し訳ないことですが、ただ私なりに「これではないか」という話です。

昔、比叡山《ひえいざん》のふもとの坂本の地で、ある高僧が不思議な光景を見たといいます。

牛が重い荷物を背負って、坂道を苦しそうに上がっていきます。牛の飼い主は盛んに鞭《むち》を打って牛を進ませようとするのですが、どうも荷が勝ち過ぎているのか、なかなか牛は進みません。

高僧はそこで、後ろから不思議な二人の童子《どうじ》が一生懸命に牛を押しているのをみました。

でも、牛の飼い主にはその童子たちが見えないようです。高僧だけの目に見えるのです。

よく見れば童子たちは、日本人の普通の格好ではないのです。

そこでいぶかしく思った高僧は、その童子たちに声を掛けました。

すると、「我々は人間ではない。不動明王の眷属である。この牛は前世では人間であったがロクなことをせず、ついに畜生道《ちくしょうどう》におちた。だが、一度だけ不動明王の慈救呪《じくじゅ》を唱えたのだ。だから不動明王のご誓願によって、私たちが影の形に沿うようにこの牛を助けているのである」との答えです。

そうなのです。お不動さまには「一持秘密呪《いちじひみつしゅ》・生々而加護《しょうじょうにかご》」という有難い誓願があるのです。

つまり、たった一度だけでも不動明王の真言を唱えた者は、輪廻《りんね》の中で生まれ変わり死に変わりしてどんなところに生まれようが、永遠に不動明王の加護に漏れないというのです。実に有難いことではありませんか。

私は、これこそが不動信仰の「命」であり、「極意」だと思います。

さらに今こうしてお不動さまの本を読んでくださっているあなたは、「ナマク・サマンダバサラナン・センダマカロシャナ・ソワタヤ・ウンタラタ・カンマン」という この真言を読んだとたんに、もうお不動さまの加護が未来永劫にわたって約束されたことになるのです。

さらにいうなら、あなたはもうすでに前世で、あるいは何代も前の世で、もうこの真言を唱えていたかもしれません。

きっとそうに違いありません。

もちろん、お不動さまが守っていても、この牛のように悪業の報いを受けるのは因果応報ですから、防ぐことはできません。

同じように、お地蔵さまの「立山地獄《たてやまじごく》」というお話があります。昔、ある行者が北陸の霊山《れいざん》である越中立山に修行に行きました。立山には現世の地獄があるといわれています。絶叫する声にふと空を見ると、女性が逆さ釣りになってメラメラと燃える火に焼かれている姿が現われます。

恐ろしさに色を失いつつも暫《しば》らく見ていると、その女性はいつしかお地蔵さまに代わっていました。そしてまたしばらくすると女性の姿に戻ります。行者がその女性に尋ねると、「私は前世で良くないことばかりしてきました。でも、この時間に一回だけお地蔵さまを拝んだ経験があります。お地蔵さまがその時間だけ私に代わってくれるのです」ということでした。

これはお地蔵さまには「代受苦《だいじゅく》」という誓願があり、その誓願によって、祈ればその苦をかわってもらえるのです。

お不動さまの誓願は、お地蔵さまとはまた少し違いますが、「如影随形《にょようずいぎょう》」といって、いかなる状況下でも「影の形に随《したが》うがごとく」付き添ってくださる存在です。

いつでもお不動さまは、すぐそばで見てくださっているのです。

さらにはこの牛のように肉眼には見えなくても、矜羯羅《こんがら》童子や制吒迦《せいたか》童子のような護法童子、あるいは倶利伽羅大龍や薬戸尼《やくしに》使者、蓮華吉祥天《れんげきっしょうてん》などのさまざまな眷属を私たちのために派遣してくれているかもしれません。

どんな境涯《きょうがい》におちても、お不動さまはお見捨てにならないのです。

極端な話が、たとえ私やあなたが何か間違いを犯して監獄に入れられるような羽目になろうとも、死して地獄の底におちようとも、お不動さまだけは我々を愚かな子を見守る慈父のように見守ってくださるのです。

でも、決して楽々と救ってはくれません。私たちの因果は、私たちだけが引き受けるべきものだからです。ただ、いろいろに助けてはくれます。

助けるのと救うのは違います。助けるのはあくまで「補助」であり、自分の行為の結果は自分だけが身に受けなくてはいけません。本当のことをいうなら、実際はそれ以外には救うも助けるもありはしません。

救うというのはそれを受け取る側の問題です。「ああ救われた！」と思うか否かです。

これはある山小屋の主人が話した話ですが、最近は若いものよりいい年をした熟年層の常識がなっていないというのです。

危ないですから行ってはいけないと注意したところに行き、それは危険だからしてはならないと注意したことも無視する。それで道に迷ったり、遭難して助けが来れば来るで「遅いじゃないか？　何をしていたんだ！」と文句をいう。その上、助け出してやって山小屋に泊めれば、今度はそのサービスが良くないと文句をいう。

こういう人の口からは「救われました」という言葉は出ないのです。

つまり、助けはできても、感謝のない人は、「救う」ことはできないのです。

これに対して、水一杯あげても「ああ、有難う。救われた」という人もいます。こういう人は助けを救いに変えることのできる人です。

助けを救いに変えるには、必ず「感謝」が必要です。

逆に、いかに助けてもらっても、どうしてもそれが受け取れない人はいるものです。

「幸せ」というのも同じです。よくお嫁さんをもらう男性が「きっと彼女を幸せにします」といいます。水を差すようで申し訳ないですが、幸せになど誰も出来やしないのです。本人が感じなければ……。

「幸せ」というのは、実は人間関係の中だけで感じられるものです。金銀財宝がたくさんあっても、その先に人間関係がなければ、単に裕福ではあっても幸福感はないでしょう。

たとえば、もう山で遭難しかけた時、何かのきっかけでそこから脱出できたというような時や、死ぬかもしれない大手術で成功した時も、人は「幸せ」を感じますが、そういう人は必ず神とか仏とか宇宙とかいう人格に向き合っているのです。そうでない人や無神論者は、ただラッキーだと思うだけです。

宗教が人を豊かにする本当の理由は、常にそうした神仏のような人格と向き合えるからです。困窮《こんきゅう》の中にでも暖かい人間関係があれば幸せを感じますが、恵まれていてもそれが全くないなら、人は自分を不幸に思うのです。動物学からいえば、人間とは群れる動物です。一人では生きていけないのです。

だから、この「一持秘密呪・生々而加護」というお不動さまのご誓願に対し、まず感謝とご縁を頂いた幸福感をもって、信じてください。お不動さまとの付き合いは、永遠のものなのです。

第五章

日本仏教各宗の不動信仰

仏教で不動信仰を説くのは密教です。本書も、基本的には密教の立場で不動信仰を解説しています。しかし、密教以外には不動尊への信仰がないかといえば、そうではありません。日本の仏教は総じて密教の影響を受けているので、お不動さまは意外なところにも祀《まつ》られています。この第五章では、真言宗や天台宗のようなもともとお不動さまが存在する宗派はもちろん、その他にも各宗の不動信仰を見ていきましょう。

真言宗《しんごんしゅう》の不動信仰

お不動さまを日本に初めてもたらしたのは、真言宗祖弘法大師《こうぼうだいし》空海上人《くうかいしょうにん》だといわれています。和歌山県の高野山南院《こうやさんなんいん》には「波切《なみきり》不動」といわれる霊像がありますが、これは弘法大師が入唐《にっとう》求法《ぐほう》からの帰路、波の荒れ狂う中に船中に現われ、旅の無事を守護したといわれるものです。このお像は弘法大師御作ともいわれ、斜め下を睥睨《へいげい》する独特なお姿です。

波切不動は全国にその名を冠する尊像が多く、主に漁業の無事、航海の無事が祈られることが多いのですが、そのおおもとはこの高野山南院の波切不動の像です。たとえば四国八十八箇所《しこくはちじゅうはっかしょ》霊場《れいじょう》の三十六番で高知県土佐市にある青龍寺《しょうりゅうじ》にも波切不動が祀られていますが、青龍寺は海辺近くにあり、そういう漁業関係の霊場と思われます。

高野山南院の波切不動の像には光背《こうはい》がないのですが、これは元寇《げんこう》の際、九州に出向いて敵国退散の祈願が成《な》ったあとに、祈願の地であった志賀島《しがじま》の「火炎塚《かえんづか》」に残したためといわれています。剣も実は平将門《たいらのまさかど》の乱の降伏祈祷《ごうぶくきとう》で熱田神宮《あつたじんぐう》に奉納されたという伝説がありますが、今の波切不動の像には剣は失われてはいません。

山形県の湯殿山大日坊《ゆどのさんだいにちぼう》には、半分龍体《りゅうたい》の姿でつくられた、迫力ある「波分《なみわけ》不動」がありますが、これも弘法大師帰朝《きちょう》の際の伝説にもとづく尊像といわれます。まるで半分龍神で半分人間のような恐ろしいお姿で、剣を呑《の》みこもうとするお姿につくられています。

また、「成田《なりた》不動」の通称であまりにも有名な成田山新勝寺《なりたさんしんしょうじ》（千葉県）の不動尊は、その昔、寛朝僧都《かんちょうそうず》という高僧が、平将門の乱を平定するため「天国《あまくに》の宝剣《ほうけん》」とともに関東に下向《げこう》し、不動尊を祀り乱の鎮圧を祈りました。満願《まんがん》の日に将門は流れ矢に当たって死に、乱は平定されました。しかし不動尊は鎮圧後も関東におられたいのか、持って帰ろうとしてもびくともしなかったのでそこを有縁《うえん》の地と考え、堂宇《どうう》を建立《こんりゅう》し宝剣と共に祀ったのが成田不動の縁起《えんぎ》といわれます。

寛朝僧都は宮中《きゅうちゅう》の五壇《ごだん》の護摩《ごま》で降三世明王《ごうざんぜみょうおう》の壇を勤《つと》められ、時の天皇の目にはまるっきり本尊そのものに見えたという傑僧《けっそう》です。同じく不動尊の壇を勤めた天台宗の座主《ざす》・良源上人《りょうげんしょうにん》（元《がん》三大師《ざんだいし》）も不動尊を示現《じげん》し、このふたりがともにいるのは「朕《ちん》の幸い《さいわ》」といわしめたといいます。

江戸時代には歌舞伎《かぶき》の初代市川団十郎《いちかわだんじゅうろう》はこの成田不動に深い信仰を運び、二代目を授かったといいます。以後、市川家は代々に成田不動信仰の家となったと伝えられています。厄除《やくよ》け交通安全などあらゆる祈願が寄せられて元旦《がんたん》の参詣《さんけい》の賑《にぎ》わいは必ずテレビで放映されます。

成田不動の信者さんからは交通事故に遭っても奇跡的に無事だったが、見ると「身代わり御《お》守《まもり》」が真っ二つになっていたなどという霊験談《れいげんだん》をよく聞くといいます。成田不動も全国にその分身を祀る寺が多く、東京の成田山深川不動堂はその代表的な霊場として知られ「深川のお不動さん」として古来有名です。

「大山《おおやま》の不動尊」は神奈川県の大山の中腹にあり、珍しい鉄製の不動尊像です。大山は紀元前より霊山として崇められ、「雨降山《あめふりやま》」といわれた水源の山です。頂上にオオヤマツミノミコトやタカオカミ、オオイカズチノミコトを祀る阿夫利《あふり》神社があります。阿夫利神社は、明治以前は「石尊大権現《せきそんだいごんげん》」と呼ばれ、十一面観音《じゅういちめんかんのん》を本地仏《ほんじぶつ》（実体の仏）とする、神仏習合《しんぶつしゅうごう》かつ真言宗系の霊場でした。ここも霊験ある祈願の霊場として、古来有名です。

私は、まだ大山に行ったことがなかった若い頃、夢で大山に行く夢を見ました。巨大なお不動さまの膝だけが見え、脇に倶利伽羅龍王《くりからりゅうおう》がいたり、遠くに江ノ島《えのしま》が見えたりしたのですが、その夢を見て実際大山に行くとその通りで、驚いたことがあります。

新義《しんぎ》真言宗の祖、興教大師覚鑁上人《こうぎょうだいしかくばんしょうにん》には、「錐《きり》もみ不動」という伝説があります。興教大師は、「加持身説法《かじしんせっぽう》」「一密成仏《いちみつじょうぶつ》」などの新しい思想を提唱しました。そして真言宗における密教的な念仏信仰を盛《さか》んならしめた人ですが、いつの世にも、新しい良いものに対して、嫉妬《しっと》したり排除しようとしたりする輩《やから》があり、興教大師が居住していた密厳院《みつごんいん》は、暴徒に襲われました。その際、興教大師は三昧《さんまい》（精神が非常に集中している境地）に入るや、たちまち不動尊像と同じ姿となり、自分の姿を消してしまったといいます。押し入った暴徒らも、二つの不動尊像の姿は区別つきがたく、錐で刺して確かめてみたところ、尊像から鮮血が流れ出しました。暴徒は興教大師の加持力に怖れおののいて、去っていったといいます。この不動尊は今でも和歌山県根《ね》来寺《ごろじ》の不動堂に祀られていて、「身代わりのお不動さま」として篤く信仰されているといいます。

新義派の真言宗には、根来寺をはじめ智山《ちさん》派、豊山《ぶざん》派などがあり、先の成田不動も智山派の霊場です。

他に変わったところでは、同じく智山派の霊場で東京都八王子市《はちおうじし》の高尾山薬王院《たかおさんやくおういん》が知られています。本尊は「飯縄大権現《いづなだいごんげん》」で、天狗《てんぐ》さまのように見えますが、五相合体《ごそうがったい》といい、不動尊、迦楼《かる》羅天《らてん》、弁才天《べんざいてん》、聖天《しょうでん》、荼枳尼天《だきにてん》の五尊のお徳を併《あわ》せ持つお姿といいます。

飯縄大権現は、元来が長野県飯縄山《いづなさん》に淵源《えんげん》する修験道《しゅげんどう》の本尊ですので、高尾山も修験道が盛んにおこなわれている霊場です。ニュースなどでよく、高尾山で、修験道の「柴燈護摩《さいとう》」という大掛かりな野外の護摩が焚《た》かれている風景や、滝行をしたりしている風景を見ます。

飯縄大権現

ただし、中心になるのはやはり本地仏の不動信仰であり、飯縄大権現は不動明王の化身という認識であり、連日、不動護摩の焚かれる霊山として賑わっています。

真言宗の修験道では、京都伏見区《ふしみく》の醍醐寺《だいごじ》がその中心にあり、醍醐寺には不動明王のみならず五大明王が祀られていて、そのお札は「五大力《ごだいりき》さん」と呼ばれ、関西一円では大変珍重される霊験あるお札といわれています。

真言宗では、お不動さまは弘法大師や大日如来とともに、在家信者の家庭のお仏壇にもお祀りする、とてもポピュラーな存在です。

天台宗《てんだいしゅう》の不動信仰

天台宗の不動信仰は、宗祖伝教大師《でんぎょうだいし》最澄上人《さいちょうしょうにん》が在世《ざいせ》の頃にはまだなく、慈覚大師《じかくだいし》円仁《えんにん》上人が初めてもたらして、比叡山《ひえいざん》の横川《よかわ》で観音・不動・毘沙門《びしゃもん》の三尊形式で祀ったといいます。この形式は単に天台宗のみならず真言宗などでもしばしば見られますが、もとは横川から始まったそうです。

慈覚大師は、今の栃木県の出身です。今の東京の目黒にあったヤマトタケルノミコトを祀る神社に参詣して一泊したところ、夢の中にいかめしい神が出現して守護を約束されました。慈覚大師は当初これをヤマトタケルノミコトと思っていました。

ところが慈覚大師が後に唐《とう》の国に密教を求めて渡ったところ、夢中の神とそっくりの尊像に出会いました。それが不動尊だったといいます。

帰朝後、慈覚大師が、前述のヤマトタケルノミコトを祀る地に建てたのが、瀧泉寺《りゅうせんじ》です。これは「目黒不動」と呼ばれ、東京ではとても有名な不動尊の霊場です。

関東ではヤマトタケルノミコトはしばしば火災除けの神として祀られ、その眷属《けんぞく》（従者）は「お犬さま」と呼ばれる狼です。目黒不動の境内《けいだい》には、随所《ずいしょ》にお犬さまの像が見られます。不動尊とヤマトタケルノミコトが習合しているのでしょう。

この目黒不動は、長い歴史の中でたびたび火災に遭いましたが、そのつど尊像は難を逃れています。平成の時代にも火災に遭いましたが、本尊を祀る厨《ず》子《し》の後ろ戸が幸運にも外れて焼失を免《まぬが》れたという霊験談があります。

慈覚大師円仁

天台宗の根本道場・比叡山（滋賀県）で、不動信仰の中心的な聖地は、無動寺谷《むどうじだに》です。ここには無動寺回峰《かいほう》といわれる千日行《せんにちぎょう》をされる行者さんがいます。回峰というのは比叡山をぐるっと歩くのですが、長い時は京都まで下りて一日で百キロ以上を歩きます。そうして七百日目に断食《だんじき》断水不眠不臥《だんすいふみんふが》で十万遍の不動真言（慈救呪《じくじゅ》）を唱え、さらに千日目には同じ条件下で十万枚もの護摩を焚きます。十万枚というのは護摩木を十万枚焚くということです。これをやると眉毛が毛根から焼けつきて、眉毛がとても薄くなります。回峰行者は眉毛がないのでわかるといいます。炉《ろ》も、普通の護摩炉では保《も》ちません。周囲をコンクリートで固めた、頑丈《がんじょう》で大きな護摩炉を使います。

この他、同じく比叡山飯室谷《いいむろだに》の回峰行も、近代に酒井雄哉大阿闍梨《さかいゆうさいだいあじゃり》が驚異的な二千日もの難《なん》行《ぎょう》をやり遂《と》げ、復興しています。

こうした超人的な行も、ひとえに不動尊の加護があってこそといえるでしょう。また、回峰行者自身も、しばしば不動明王と同一視され、いわば「現世の不動明王」として信仰を集める存在なのです。

さて、慈覚大師の後輩に、智証大師円珍《ちしょうだいしえんちん》上人という方がいます。この方は天台宗寺門《じもん》派（現在の天台寺門宗《てんだいじもんしゅう》）の祖とされます。

智証大師も不動尊にゆかりの深い方で、伝説では智証大師が二十五歳の時、金色《こんじき》不動明王が示現したといいます。文字通り金色に輝く不動尊で、智証大師はこれをすぐ絵師に書かせました。国宝に指定されている画像ですが、単に体の色が金色というだけでなく、不動尊がおしなべてつけている条帛《じょうはく》という肩から懸《か》ける布がなく、光背も日輪《にちりん》光背であって火炎光背ではない点が特徴的です。

智証大師は後に唐の青龍寺《せいりゅうじ》で法全《はっせん》阿闍梨から不動明王の秘印《ひいん》を示されますが、すでにそれは金色不動から教えられていたものと全く同じだったといいます。その後、帰朝してから智証大師は天眼《てんげん》をもって青龍寺の火災を知り、この印を用いて火災を消し止めたといいます。青龍寺でも霊感でそのことを知っていて、お礼の手紙が来たという伝説もあります。

天台寺門宗では、不動明王をとりわけ大事にして、すべての密教行法の基礎である四度加行《しどけぎょう》は不動明王の真言が中心で拝まれます。

同じように智証大師が感得《かんとく》したといわれる不動尊で、赤《あか》不動というものがあり、この画像は今は真言宗の高野山明王院にあります。

この智証大師の赤不動とは別に、真言宗には赤不動法という秘法があり、疫病《えきびょう》による解熱を祈る法だそうです。天台方《かた》にはこの法はないようです。

時代が下って比叡山十八代目の座主・良源上人は、元三大師《がんざんだいし》といわれ、先ほど真言宗の寛朝僧都のところでもふれましたが宮中に不動明王の姿を示現し、学問も素晴らしく、そのうえ大変ご祈祷の優れた人であったため、天台宗ではちょうど真言宗の弘法大師のように信仰されています。天台宗で単にお大師さん信仰というと、この元三大師をいいます。元三大師は正式には慈恵大師《じえだいし》といいますが、一月三日が命日だったので元三大師と呼ばれているのです。

元三大師信仰では、一般的にこの方の本地を如意輪《にょいりん》観音としますが、一方で不動明王の化身ともいわれています。故に元三大師のご宝号《ほうごう》を唱える時は、「南無元三慈恵大師常住金剛《なむがんざんじえだいしじょうじゅうこんごう》」といいます。常住金剛とはお不動さまの密号《みつごう》（密教的な尊名）です。元三大師はおみくじの祖としても有名です。

禅宗《ぜんしゅう》の不動信仰

禅宗（臨済宗《りんざいしゅう》・曹洞宗《そうとうしゅう》・黄檗宗《おうばくしゅう》）では、基本的には密教の仏尊である不動明王への信仰は一般的ではありませんが、臨済宗の沢庵禅師《たくあんぜんじ》は『不動智神妙録《ふどうちしんみょうろく》』を著《あらわ》し、その中でおもしろいことをいっています。千手《せんじゅ》観音と不動明王を題材にして、「千手観音は手がたくさんあっても混乱せずに自在《じざい》なのは、動かぬ不動の心がそこにあってこそであり、不動明王と千手観音は実は同じ境地を語っているのだ」というものです。

沢庵禅師は徳川家の兵法指南役《へいほうしなんやく》であった柳生真陰流《やぎゅうしんかげりゅう》の柳生但馬守宗矩《やぎゅうたじまのかみむねのり》と懇意《こんい》であり、しばしば剣術についても示唆《しさ》あることをいっています。この『不動智神妙録』も、しばしば剣術の極意として珍重《ちんちょう》されてきました。

真の禅の心とは、不動であっても自由さを失っていたら未熟であるということでしょう。

さて、曹洞宗では有名祈願寺が多く、中でも秋葉大権現《あきばだいごんげん》を祀る静岡県の可睡斎《かすいさい》と秋葉寺《しゅうようじ》は有名です。秋葉大権現は火伏《ひぶせ》の神として祀られています。

秋葉大権現は、三尺坊《さんじゃくぼう》という実在の修験者でした。越後《えちご》（新潟県）の生まれで、長野県の戸隠山《とがくしさん》では八千枚の護摩を焚き、迦楼羅身《かるらしん》を得たといいます。

迦楼羅というのは、インド神話に出てくる、龍をも飲み込む巨大な鳥の神です。龍はインドではコブラのイメージですから、迦楼羅はこれを捕食する猛禽《もうきん》のようなイメージでしょう。仏教では、八部衆《はちぶしゅ》と呼ばれる護法神《ごほうしん》の一種として数えます。

八千枚というのはいうまでもなく不動明王の八千枚の護摩のことでしょうから、ここにも不動明王は介在しています。つまり八千本の護摩木を焚くのです。

大体、秋葉大権現自体がくちばしと翼、狐に乗るほかは、まるっきり不動明王の姿なのです。先に紹介した高尾山の飯縄大権現と、とてもよく似ています。三尺坊は諸国を巡った末、今の秋葉山に鎮座《ちんざ》したので秋葉大権現といいます。

同じように曹洞宗の信仰で、天狗に化身した道了大薩埵《どうりょうだいさった》を祀る神奈川県南足柄郡《みなみあしがらぐん》の大雄山最乗寺《だいゆうざんさいじょうじ》があります。ここは単に道了さまといわれることが多いのですが、ここにもお不動さまが祀られており、清瀧《きよたき》不動尊として知られ、一番の大山不動についで関東不動霊場の二番となっています。

道了尊は、天台宗寺門派（現・天台寺門宗）の総本山である滋賀県の三井寺《みいでら》（園城寺《おんじょうじ》）の僧で、修験道の大先達《だいせんだつ》であったそうです。皇族などの峰入りも案内したとされる高僧で、十一面観音のご真言を常に唱え、天狗に化生《けしょう》して大雄山の了庵恵明《りょうあんえみょう》禅師を助け、死後は大雄山の天狗となって守護しているといいます。

そのほか禅宗では、「豊川稲荷《とよかわいなり》」として知られる豊川吒枳尼真天《とよかわだきにしんてん》、三宝大荒神《さんぼうだいこうじん》、ウスシマ（ウスサマ）明王、摩利支天《まりしてん》などが諸寺院に祀られて信仰を集めていますが、禅宗に基本的には護摩はなく、祈祷といえばもっぱら大般若《だいはんにゃ》の転読《てんどく》（『大般若経』の経本の全ページを素早く開いていく祈祷）ですが、お寺によっては護摩を焚いているところもあるようです。

浄土宗《じょうどしゅう》の不動信仰

浄土門は浄土宗、浄土真宗《しんしゅう》、時宗《じしゅう》、融通念仏宗《ゆうずうねんぶつしゅう》などが主だった宗派ですが、このうち浄土真宗は阿弥陀仏以外の諸尊の信仰は説きませんので、不動尊とは全く無縁です。

他の浄土門の宗派では、諸尊信仰を排斥するようなことはありませんが、お不動さまは珍しいと思います。

浄土宗では、京都市の清浄華院《しょうじょうけいん》に立派なお不動さまの像があります。実はこれは『泣き不動縁起』という絵巻物で有名な「泣き不動」の御前立《おまえだち》として、近年彫られたものなのです。

清浄華院では、毎月二十八日のお不動さまの縁日《えんにち》にも護摩を盛んに焚きますし、お不動さまの講中《こうちゅう》（信者の集まり）もあります。

「泣き不動」というのは平安時代の話で、三井寺に智興内供奉《ちこうないぐぶ》という高僧がいました。内供奉とは宮中に仕《つか》える僧のことですから、かなり位のある方です。ところがこの内供奉が大病を患《わずら》い、もう命があぶないということになった。そこで何か手立てはないかということで、陰陽師《おんみょうじ》として名高い安倍晴明《あべのせいめい》が呼ばれたといいます。晴明がいうには「誰か代わりに死ぬ者があるなら祈りようがある」とのことです。

要するに、身代わり祈祷をおこなうのがベストだというのです。しかし、誰も死にたい者などいません。

でもこの時、弟子の証空《しょうくう》という若い僧が名乗りを上げました。

いよいよ身代わりの祈祷が始まります。覚悟を決めた証空は、日ごろ念持仏《ねんじぶつ》として拝んでいる不動尊の画像のお軸《じく》に手を合わせ、お別れのご挨拶《あいさつ》をしたのでした。

すると、「汝《なんじ》は師に代わる。我は汝に変わらん」という声がして、不動尊の画像が血の涙を流したといいます。不動尊が証空の師僧を思う心に感応《かんのう》したのでした。結果、師弟ともに無事を得たというのが「泣き不動」のお話です。

この「泣き不動」の霊験では、増水の河止めのため向こう岸に行けなかった人が、テレポートして向こう岸に一夜明けたらいたという不思議な話も江戸時代に伝えられています。

なぜ浄土宗である清浄華院にお不動さまが祀られているのかというと、このお寺がもともと天台宗の慈覚大師が開いたという歴史があるからだそうです。

そのためか、境内には他にも、山王《さんのう》大権現やダキニ天、金毘羅《こんぴら》大権現、秋葉大権現などの神仏習合系の尊格が祀られています。

私は以前、陰陽道関係の執筆で「泣き不動」の縁起を知って、それならどこか三井寺にそのお軸があるのだろうかと思っていましたが、意外なところにあったものです。

浄土宗は阿弥陀仏信仰が中心になることはいうまでもありませんが、諸尊信仰を必ずしも退《しりぞ》けるものではないようです。ただ、清浄華院のように護摩まで焚く例はとても珍しいと思います。

近年、大きな改修がおこなわれ、よりお参りしやすくなっていると聞きます。

また、安倍晴明とのゆかりもあるためか、陰陽道を伝承している方による不定期の陰陽道の講座も開催されている、とてもユニークなお寺です。

日蓮宗《にちれんしゅう》の不動信仰

日蓮宗で、不動信仰のお寺というのはほとんど聞きません。

しかし、日蓮聖人《にちれんしょうにん》が感得された「曼荼羅本尊《まんだらほんぞん》」には、必ず中央に「南無妙法蓮華経《なむみょうほうれんげきょう》」というお題目《だいもく》があり、その左右に、崩した書体でウンとカーンという梵字《ぼんじ》が書かれています。日蓮宗の曼荼羅本尊で梵字なのはここだけです。

ウンは愛染明王《あいぜんみょうおう》、そしてカーンは不動明王の種字です。

日蓮聖人は優《すぐ》れた霊覚者《れいかくしゃ》で、若い頃に生身の不動明王と愛染明王の姿を感見《かんけん》したといいます。

そしてその際に日蓮聖人自身が描いた不動明王と愛染明王の絵も残っているようです。

立体的に日蓮宗の曼荼羅本尊を表わすと、真ん中に「南無妙法蓮華経」というお題目が書かれた多宝塔《たほうとう》、その左右に釈迦牟尼仏《しゃかむにぶつ》（お釈迦さま）と多宝如来《たほうにょらい》、そして四菩薩《しぼさつ》、四天王《してんのう》、不動明王、愛染明王という形が多く、これに鬼子母神《きしもじん》などが加わることもあります。

ですから日蓮宗のお寺には、曼荼羅本尊の一尊として不動明王像があることはさほど珍しくないのですが、独尊としての信仰はみられないようです。しかしながら日蓮宗の信仰を持ちなが不動明王を信仰しても、そこは矛盾するものではないといえましょう。

ただし、あくまで信仰の中心は『妙法蓮華経（法華経《ほけきょう》）』であるというのが日蓮宗の立場です。日蓮宗の諸尊信仰では、どちらかというと鬼子母神、妙見尊《みょうけんそん》、八大龍王《はちだいりゅうおう》、帝釈天《たいしゃくてん》、七面天《しちめんてん》女《にょ》、三十番神《さんじゅうばんじん》などの天部《てんぶ》や神祇《じんぎ》の信仰が中心のようです。

対するに、観音や地蔵などのポピュラーな菩薩への信仰は、ないこともないのですが、あまりありません。これは、日蓮宗ではこれらのポピュラーな菩薩はよその世界（浄土）から来た「他《た》方来《ほうらい》の菩薩」であり、私たちが生きているこの娑婆世界《しゃばせかい》では、もともと娑婆世界にいる「地涌《じゆ》の菩薩」のほうが重要であると考えるからです。地涌の菩薩がどのような存在であるかは、『法華経』の「従地涌出品《じゅうじゆじゅっぽん》」という章に説かれています。無数の菩薩が地面から涌《わ》き出てきて、『法華経』を末法《まっぽう》の世に弘めることをお釈迦さまに誓います。地涌の菩薩の上首《じょうしゅ》（リーダー）は上行《じょうぎょう》、無辺《むへん》行《ぎょう》、浄行《じょうぎょう》、安立行《あんりゅうぎょう》の四菩薩で、日蓮聖人はその四菩薩のうちの上行菩薩の生まれ変わりであると信じられています。そして『法華経』を信仰し「南無妙法蓮華経」と唱える者は、誰であれ、この地涌の菩薩の一人であると考えるのです。

さて、以前、日蓮宗の祈祷のやり方が書かれてある古い文献を拝読したことがあるのですが、そこには質疑応答《しつぎおうとう》のようなことが記されてあり、「日蓮宗の祈祷では不動明王の慈救呪《じくじゅ》を唱えるか」という問いに対して、「奥義的《おくぎ》にはそれも唱える」という答えが述べられていたのには驚きました。ただしそこは、日蓮宗的な教学の意義づけがなされてのことではあるでしょうが。

今はどうなのか知りませんが、日蓮宗の施餓鬼《せがき》などでも、やはり施餓鬼の真言を用いたとも聞いています。

なお、三井寺には昔、多くの日蓮宗の僧侶が留学していた歴史があったそうです。これは『倶《く》舎論《しゃろん》』という論書を学ぶ学問の中心が三井寺だった時代があり、それを学びに来られていたといいます。これは意外でした。昔は今ほど宗派意識はなかったようですね。

学問で宗派の垣根《かきね》を超えるのはほほえましく、とても良いことだと思います。

修験道《しゅげんどう》の不動信仰

修験道は、現代ではその多くが仏教の宗派に組み込まれています。真言宗系統の当山派《とうざんは》修験道、天台宗系統の本山派《ほんざんは》修験道があり、前者は醍醐寺、後者は聖護院《しょうごいん》（京都）や三井寺が中心です。歴史的にみて当山派にも本山派にも縁がある奈良・吉野《よしの》の蔵王堂《ざおうどう》を擁《よう》する金峯山修験本宗《きんぷせんしゅげんほんしゅう》などは、本山派そのものではないものの、天台宗に近い法流《ほうりゅう》です。

このいずれにおいても不動明王は、極めて大切な存在です。修験道については本書第一章などで既に説明したので省きますが、陰陽道《おんみょうどう》を介して陰陽五行説《いんようごぎょうせつ》が取り入れられているシンクレティズム（混淆《こんこう》宗教）が修験道なので、密教の五大明王が司《つかさど》る方位そのままに、仏部《ぶつぶ》の不動明王を中央の土気《どき》、金剛部《こんごうぶ》の降三世《ごうざんぜ》明王を東の木気《もくき》、宝部《ほうぶ》の軍荼利《ぐんだり》明王を南の火気《かき》、蓮華部《れんげぶ》の大威徳《だいいとく》明王を西の金気《こんき》、羯磨部《かつまぶ》の金剛夜叉《こんごうやしゃ》明王を北の水気《すいき》というように、五行に配当します。

そこで、野外で盛大に焚く柴燈護摩では「東方に降三世夜叉明王の垂迹《すいじゃく》といっぱ、青帝大神《せいていたいしん》龍王《りゅうおう》まします。八万四千の眷属《けんぞく》を教令《きょうりょう》し、良く東方を保《たも》ち給《たも》う。故に七里結界金剛宅《しちりけっかいこんごうたく》」などと、各々五大明王の変化《へんげ》した五帝《ごてい》龍王の名を唱えますが、この五帝龍王はもとは陰陽道の神です。

さらに「五体加持文《ごたいかじもん》」などを見ますと、人体における内臓では不動明王を脾臓《ひぞう》、降三世明王を肝臓、軍荼利明王を心臓、大威徳明王を肺、金剛夜叉明王を腎臓に配当しています。

こうした配当など、あらゆるものに応用されるのが陰陽五行思想です。

陰陽五行は一種の宇宙論なのです。易占《えきせん》をはじめ多くの占いが、この陰陽五行思想の所産です。ですから修験者には占いというのは比較的馴染《なじ》みやすいのです。

多くの修験道場では、年回りや方位をみたり、何らかの占いをしてくれることが多いものです。

また、修験道には、神道《しんとう》の要素も多分にあります。

山岳信仰である御嶽教《おんたけきょう》は、神道系でありながら、不動明王の真言をさかんに唱えます。百《ひゃっ》間《けん》ヶ《が》瀧《たき》不動明王というお不動さまが、御嶽山《おんたけさん》には祀られているのです。御嶽教は木曽《きそ》（長野県）の御嶽山を信仰する修験道的な宗教ですが、仏教ではなく教派《きょうは》神道です。

教派神道というのは神社本庁管轄下の神道ではなく民間信仰的な性格の強い神道のことですが、こうした神仏習合の体系を持つ神道では、しばしばお不動さまが信仰されることもあるようです。

もっとも、そうした神社では、お不動さまは仏さまではなく神さまなのでしょう。

お不動さまのご宝前に、まったく神道的な飾りつけのしてある道場もあります。参る人も、柏手《かしわで》を打ってお参りすることも少なくありません。

最近ではほかにも、習合系の歴史を持つ神社では、境内にお不動さまの石仏などを以前のようにあってはならないもののようにして隅《すみ》に追いやるのではなく、ちゃんとお祀りしているところも増えているようです。

これは仏教徒として、そしてお不動さまの信者としてもうれしい限りです。

私などは神とも仏ともとれるそういうアバウトな性格も、お不動さまが広く受け入れられている魅力なのだと思っています。

第六章

いろいろな明王

お不動さまのほかにも、密教にはいろいろな明王がいます。ここではそれを紹介していきたいと思います。

愛染明王《あいぜんみょうおう》――愛の苦海《くかい》よりの救い

赤いお体で蓮華座《れんげざ》に坐《ざ》し、眼は三つ、六臂《ろっぴ》（手が六本）のそれぞれの御手には金剛杵《こんごうしょ》（五鈷杵《ごこしょ》）と金剛鈴《こんごうれい》、弓と矢、さらに左の上の手には蓮華、右の上の手には何か持っているように手を握っています。頭には獅子《しし》の冠が載っています。神は炎髪《えんぱつ》といって逆立っており、不動明王とはまた違う雰囲気の明王です。光背《こうはい》は火炎でなく日輪《にちりん》光背といい太陽の中に坐っているとされます。このお体の赤い色は衆生《しゅじょう》を思う慈悲のあまり血の涙に染まった結果だといいます。

また、蓮華の下には宝瓶《ほうびょう》があり、宝珠《ほうじゅ》や螺貝《らばい》などさまざまな宝を吐いているといいます。

この明王は、歴史的にはインドの恋愛神カーマをモデルに生まれたといわれていますが、梵文《ぼんぶん》文献はインドでは発見されておらず、中央アジア起源なのでは？　など、よくわからない面があります。

梵名つまりインドの言葉でのお名前は、ラーガラージャ。これは「愛の王」という意味です。

世間では恋愛や縁結びの本尊としますが、密教的には「離愛金剛《りあいこんごう》」という別名もあり、愛欲そのものの成就《じょうじゅ》ではなく、本来はむしろ愛欲の苦しみから人を救う仏です。

もちろん、そうはいってもこれは人に愛を寄せるなというような禁欲主義的なことではありません。

愛染明王

離愛とは、自分が相手を好きだから自分のものにしたいなどという利己的な執着や煩悩《ぼんのう》を離れて、真に相手も自分も活かすことのできる心のあり方をいいます。
よく世間には「好きな人を振り向かせたいのです」という趣旨の願いごとがありますが、当然、振り向かせるにはまず、こちらからの人間的な好ましいアプローチが必要です。
稀《まれ》に、声もかけずにいて向こうが熱烈に好きになってくれるように仕向けて欲しいなどという人がいますが、これはいかがなものかと思います。

さらにもっとひどいのになると、好きになった人に恋人や配偶者があるので結婚できないから別れさせてほしい、などという人もあります。

こういうのは本質からいえば愛というより、ただの執着であり、愛染明王から見れば我欲《がよく》から出た三毒《さんどく》の煩悩に過ぎません。

無論、愛情は先着順ではないですから、今の配偶者や恋人と別れてもっとウマの合う人と結びつく結婚というのがあっても絶対にいけないとは思いません。

欧米などではカトリックの信徒は減りつつあるといいますが、その原因の一つは、カトリック信徒になると離婚が許されないためであるようです。ほかにも避妊の否定や同性愛の否定など、だんだんと現代の社会に合わなくなってきているのでしょう。

英国教会などはその昔、この離婚問題に端《たん》を発してバチカンのカトリック教会と袂《たもと》を分かったといいます。

仏教にも戒律があり、もちろんしてはならぬことはありますが、それは必ず自分にも害があることなのです。基本的に、仏のために守るという戒律ではありません。

さて、「可愛さ余って憎さ百倍」といいますが、愛情問題の解決は、まず人間として筋を通すことを忘れてはいけません。

たとえもう過去の愛情を失ってしまっても、人を人として尊重する。なるべく恨みを残さぬよう努力する。これが基本です。

特定の人だけが大事なので、あとの関係者はどうなろうとかまわない……などというのは、当然、仏意にかないません。

愛染明王の守備範囲は別段、結婚だとか恋愛に限りません。あらゆる人間関係を活かしてくれるのがこの明王です。

この世の究極的な宝は、「人の縁《えにし》」です。金銀財宝などは使えば減るのみですが、人間関係は活発になるほどにお互いを利《り》するものですから、究極の宝といえましょう。

真言宗《しんごんしゅう》では、愛染明王は「金剛界曼荼羅《こんごうかい》」を代表する明王として、「胎蔵曼荼羅《たいぞう》」を代表する明王である不動明王と、対《つい》でお祀《まつ》りすることもしばしばです。

ただし愛染明王は、実は金剛界曼荼羅の中には描かれていません。愛染明王は、『金剛峯楼閣《こんごうぶろうかく》一切瑜伽瑜祇経《いっさいゆがゆぎきょう》』というお経のみに出てきます。これは略して『瑜祇経』といいますが、密教の秘経《ひきょう》の一つに数えられています。また、真言宗で最も大事にする『理趣経《りしゅきょう》』は、一説にはこの明王の三昧《さんまい》（境地）といわれています。『理趣経』は男女の愛欲を正面から肯定したお経として有名です。

私たち天台宗《てんだいしゅう》系の教団ではあまり読みませんが、『理趣経』のいわんとすることは、なにも男女の愛欲が至高の存在だというのではありません。

男女がお互いに惹《ひ》かれあうがごとく仏と衆生が一つになっていくことは自然なことであるという表現なのだと聞いています。

これを仏像にすれば、男女の相抱《あいいだ》く相《そう》である聖天尊《しょうでんそん》の姿ということになります。この経典の解釈本を巡って伝教大師《でんぎょうだいし》と弘法大師《こうぼうだいし》が袂を分かつことになった話は有名です。

お不動さまが奴僕《ぬぼく》の三昧であるのに対して愛染明王は王者の三昧を示すといわれ、また一説には明王というより「明妃《みょうひ》」、つまり女尊であるといいます。

いずれにしても、怒髪天《どはってん》を衝《つ》く大忿怒《だいふんぬ》の形相《ぎょうそう》というよりは貴人が怒る姿につくるのが良いとされていますが、どうもそのような品のいいお像は現代の作ではあまり見当たらないのが残念です。

愛染という語から「藍染《あいぞ》め」を連想するため、染物《そめもの》業者の守護神ともされてきました。

またこの明王は宿曜《しゅくよう》の災い、つまり密教占星術でいう星の悪い影響を除く力があるとされます。そのため天空に向かって弓を引く「天弓《てんきゅう》愛染明王」というお像もあります。頭の上に戴《いただ》く獅子冠も、実は悪星を噛《か》み砕《くだ》く存在といいます。また、不動尊と合体した「両頭《りょうず》愛染」などという不思議なお像もあります。

この明王は本地《ほんじ》（実体の仏）を金剛薩埵《こんごうさった》とするため、金剛薩埵の持ち物である金剛杵と金剛鈴を持ちます。また、経典には「右手の蓮華で左の手に持つ物を打つ」とあり、左手に祈願によっていろいろ持たせたようです。

密教の修法《しゅほう》としては、人の愛顧《あいこ》や和合円満《わごうえんまん》を得る「敬愛《けいあい》」、財物や能力や智慧を増やす「増益《ぞうやく》」、災いを寄せつけぬ「息災《そくさい》」、悪しきものを退《しりぞ》ける「降伏《ごうぶく》」、そして欲しいものや人材を引き寄せる「鉤召《こうちょう》」と、あらゆる祈祷《きとう》の本尊とされました。不動明王同様、どんな祈願にも対応する、オールマイティな明王です。

愛染明王真言＝オン・マカラギャ・バゾロシュニシャ・バサラサタバ・ジャクウンバンコ

短い真言＝ウン・シッチ

孔雀明王《くじゃくみょうおう》——天変地異さえも鎮《しず》める

孔雀明王は、明王としてはもっとも古くより知られていた存在で、奈良時代にはすでにその信仰がありました。明王といっても美しい孔雀に乗った四臂《しひ》の菩薩形《ぼさつぎょう》で、忿怒の明王ではありません。持ち物は枸櫞果《くえんか》、吉祥果《きっしょうか》、孔雀尾、蓮華が一般的です。吉祥果はザクロ、枸櫞果はシトロンと呼ばれレモンに似た柑橘《かんきつ》植物の果実です。

天台宗では、事相《じそう》（密教の実践）の上では、明王ではなく如来の一種として「仏母部《ぶつもぶ》」に分類します。一名「仏母孔雀明王」ともいいます。

梵名もマハーマユリーで女性型名詞です。意味は「大いなる孔雀の女王」と訳されます。修験道《しゅげんどう》の開祖である役行者《えんのぎょうじゃ》（役小角《えんのおづぬ》）が、この明王の真言を受持《じゅじ》（大切に信仰し修行すること）して飛行自在の神通力《じんづうりき》を得たという伝説があります。このゆえに修験道の法具《ほうぐ》に蒲葵扇《ほきせん》というものがあり、孔雀の羽を付けた小さい団扇《うちわ》のようなものを腰の後ろに差して孔雀明王の象徴とします。

孔雀明王は文字どおり孔雀を神格化した仏で、山林修行で毒蛇を除くために信仰された経緯があります。歴史上のお釈迦さまは、弟子たちが呪術をおこなうことを禁じましたが、毒蛇をよける呪文だけはこれを許可したといいます。インドでは今でも多くの人がコブラによって噛まれて亡くなっているそうです。

おそらくその頃から孔雀明王に似た尊格があったのでしょう。およそ外見が明王らしからぬこの尊を明王というのは、その真言（明《みょう》）が非常に勝《すぐ》れており、「真言の王者（明王）」であるからだといいます。

　もっとも、現実の生き物としての毒蛇に我々が遭遇することは少ないのですが、問題なのは心の毒蛇です。これは煩悩のことです。孔雀明王はその煩悩の毒蛇を取って食べてくれるといいます。

　密教の祈祷では、この孔雀明王に、天変地異の終息、祈雨《きう》、王子の誕生などが祈られました。祈雨は雨乞《あまご》いのことです。「雨乞い」などというと笑うかもしれませんが、昔は農耕社会ですから、祈雨は天下の大事、一国の枢要《すうよう》です。

　この天候を左右するほどの祈祷力がある人が、昔は宮中《きゅうちゅう》に出仕《しゅっし》できる僧侶の一要件でした。

　たとえば天台宗の開祖伝教大師《でんぎょうだいし》最澄《さいちょう》上人《しょうにん》が、比叡山《ひえいざん》で大乗戒《だいじょうかい》による僧侶の養成を桓武天皇《かんむてんのう》に願い出るために書かれた『山家学生式《さんげがくしょうしき》』

孔雀明王

には、密教を学ぶ僧侶に読ませたいお経として『孔雀経』があがっています。『孔雀経』とはもちろん孔雀明王のお経であり、目的は農作物のための祈雨です。伝教大師はそうした国家規模の祈願に応ずる僧侶を養成したいということで、僧侶育成の許可を求めたことが、ここには明確にみてとれます。

孔雀は蛇（龍）を喰《くら》うというので、もろもろの龍王は孔雀明王を怖れて、その命令をよく聞き雨を降らすと考えられました。また、もろもろの鬼神も、よく孔雀明王の教勅《きょうちょく》に従うといいます。また、王子誕生の祈祷は、朝廷《ちょうてい》の跡目《あとめ》相続が順調であることが天下の安寧《あんねい》につながるため、極めて大切でした。孔雀明王はどちらかというと歴史的にはそういった国家規模の祈願対象であり、真言宗の広沢方《ひろさわかた》という法流《ほうりゅう》では孔雀明王の修法は「大法」として位置づけられ、かつては勅命《ちょくめい》（天皇の命令）によって修されていました。

しかしもちろん、個人の祈願のために孔雀明王を拝んでも構わないのです。私は個人的には、精神疾患の方のためのご祈祷にしばしばこの明王のご真言を唱えています。心の中に蠢《うごめ》く毒蛇をついばんでもらおうと思うからです。

孔雀明王真言＝オン・マユラ・ギランテイ・ソワカ

降《ごう》三世《ざんぜ》明王《みょうおう》——三世の業苦《ごうく》を除く

不動明王を中心とする「五大《ごだい》明王」の一尊としても知られるこの明王は、過去世、現世、未来世の三世《さんぜ》にわたって悪業《あくごう》を除く故にこの名があるといいます。梵名はトライローキャ・ビジャヤで「三世を降《くだ》す（征服する、勝利する）もの」という意味です。

過去世などというと、そんなものあるのかと思う人もいることでしょう。

しかし、仏教は三世思想ですし、今自分がいるということはそのまま過去の自分があった結果なのです。何もないところから出てきたわけではないと考えているのです。理屈の上からも何もないのにいきなり出てくるわけはありません。

しかも人間には皆それぞれ業があるので、それによっていろいろな人生があり、決して同じではありえません。

たとえどうあっても努力によって人生を変えられるというのも仏教の因果論《いんがろん》ですが、生まれながらに違うものがあるとするならそれは皆、過去の業《ごう》によるのです。

もし一神教の教えのように神さまがすべてつくったと考え、そして神の前にすべての人が平等だというのであれば、このような差異があるのは説明できません。

降三世明王は四面もしくは三面六臂で種々の器杖《きじょう》（武器）を持ちますが、像によって多少の変化はみられるもののほとんどが金剛杵、金剛鈴、弓矢、三叉戟《さんさげき》、剣、索《さく》（なわ）などといった武器です。特徴的なのは胸の前で拳を二つ重ね、小指を絡ませ人差し指を伸ばす形の印《いん》を結ぶことで、この印を結べばまず降三世明王といえましょう。

そうでない特殊なものとしては、「尊勝曼荼羅《そんしょう》」に見られる、一面二臂で宝冠をかぶり、金剛杵と金剛鈴を持つものもあります。

また、同じく一面二臂で三叉戟を手にし、降三世明王とともに胎蔵曼荼羅に描かれる「勝三《しょうざん》世《ぜ》明王」も、降三世明王と同体異名の尊とされます。

さらに降三世明王の大きな特徴としては、大自在天《だいじざいてん》とその妻である烏摩妃《うまひ》を踏む姿が一般的です。これはお釈迦さまが涅槃《ねはん》に入る命終《みょうじゅう》の折、この大自在天と妃だけが傲慢《ごうまん》に駆けつけることをしなかったため、不動尊が降三世明王の身を現わしてこれを降伏《ごうぶく》したといいます。

大自在天と烏摩妃はこれにより絶命しましたが、その刹那《せつな》、十地《じゅうじ》（菩薩の悟りの境地を十段階に分けたもの）のうち第八地《じ》の境地を得たといいます。

細かい意味づけをしますと、この大自在天は我々の「見惑《けんわく》」といって因果論を否定するなどの根本的な認識の誤りを、烏摩妃は「思惑《しわく》」といっていわゆる貪《とん》・瞋《じん》・痴《ち》の三毒の煩悩を表わし、降三世明王の像をつくる際は、大自在天は強く踏み倒し、妃は軽く踏む姿につくるのが本義とされます。

なお、これに後日談があり、殺してしまった大自在天は大日如来《だいにちにょらい》が「普賢延命菩薩《ふげんえんめいぼさつ》」の真言によって蘇生させたといいます。

降三世明王

大自在天は、ヒンズー教ではシヴァ神として知られています。ヴィシュヌ、ブラフマーと並ぶ最も力のある神で、これを踏む降三世明王は淵源《えんげん》的にはヒンズー教以上の力を誇示する尊像として登場したといわれます。

聖天行者《しょうでんぎょうじゃ》だった私の師匠は、大自在天を蘇生させたという普賢延命菩薩のお経である『金剛寿命《こんごうじゅみょう》陀羅《だら》尼経《にきょう》』を聖天尊の礼拝《らいはい》作法に加えていましたが、これは夫婦二尊である聖天尊の男天が実は大自在天の化身であるために、その法楽《ほうらく》に……という考えからでした。

降三世明王は東方阿閦《あしゅくにょらい》如来の「教令輪身《きょうりょうりんじん》」とされ、金剛界もしくは金剛部を代表する明王です。金剛部というのは、修行者をして悪を除き勇猛《ゆうみょう》に仏道を歩まそうとする働きの諸尊のことです。その金剛部の「教令輪身」というのは、最も強烈にそれを実行する仏ということになります。

なお、降三世明王の本地仏の阿閦如来は「自性輪身《じしょうりんじん》」、そして菩薩としての慈悲の働きは「正法輪身《しょうぼうりんじん》」である金剛薩埵が担《にな》います。これを「三輪身《さんりんじん》」といいます。簡単にいえば、如来が慈悲を実践する菩薩になった姿を「正法輪身」、破悪《はあく》を実践する明王になった姿を「教令輪身」、もとよりの如来の姿を「自性輪身」というのです。

三世の悪業を打ち砕くという降三世明王は、人生に深いマイナスの業（カルマ）を感じる人の良き守護者でしょう。

またこの尊は、「天魔降伏《てんまごうぶく》」の本誓《ほんぜい》がありますから、極めて強烈な霊的存在をも打ち払う力があります。もっとも、天魔はその人の煩悩を頼りにするので、いくらこの明王を念じても、ただただ魔性《ましょう》の障礙《しょうげ》を怖れるのみで自分の煩悩を一向になんとかしようとしないのならば、真のお働きは頂けないでしょう。

いわゆる霊障《れいしょう》で困っている人の中には、自分自身が強い執着、心のしこり、怖れや罪悪感を持っているためにマイナスを引き寄せてしまうケースが少なくありません。そこで「悪魔を降伏してほしい」などと祈祷を頼んでこられるのですが、降伏というものは、本来、自分のそういった心の中の敵である煩悩をまず降伏することが先です。

外なる悪魔は、たとえ実体がある存在にみえたとしても、それがやってくるのは自分自身の心の影です。まず自らの心を整えようとすることが先決です。

そうでないと、その影を何度追い払っても、しばらくすれば元の状態になってしまいがちです。影は影です。影をなんとかしたいなら、真剣に仏法に学び、心に普《あまね》く光を照らせば、影は消えるものです。

降三世明王真言＝オン・ソンバニソンバ・ウン・バサラ・ウンハッタ

軍荼利明王《ぐんだりみょうおう》——鉄壁《てっぺき》の結界《けっかい》

軍荼利明王は彫像としては一面八臂に作られることが多いのですが、儀軌《ぎき》（密教のいろんな決まりごとが書かれているお経）にはさまざまな姿が説かれています。

軍荼利明王も五大明王の一尊であり、南方宝部《ほうぶ》の宝生如来《ほうしょうにょらい》の教令輪身で、虚空蔵菩薩《こくうぞうぼさつ》の忿怒《ふんぬ》形《ぎょう》といわれます。

この明王も降三世明王と同じく胸の前で腕を交え、親指と小指をくっつけて他の指は開き気味に伸ばす、独特の印を結びます。

そしてこの尊の最大の特徴は、手足などにヘビが巻きついていることです。「軍荼利」という語は梵名クンダリンの音写で、「壺」という意味もありますが、ヨーガの用語でクンダリニーという尾骶骨《びていこつ》の先端にあるエネルギー体のことといわれています。

クンダリニーはヘビに譬《たと》えられ、普段は尾骶骨の下にとぐろを巻いていますが、覚醒すると背骨に沿《そ》って体を伸ばすといいます。

軍荼利明王がヘビを身体に巻きつけているのも、その表示と思われます。

これは一種のヨーガの修行によって起こる生理現象だと思いますが、クンダリニーが上昇して身体各部のチャクラと呼ばれるエネルギー中枢を通過し頭頂に至ると、真の知性が開かれ、一種の超能力も備わることがあるといいます。

しかし、クンダリニーによって超能力が出るようになったが、人間として未熟で問題がある人というのがインドにはけっこう多いと聞きました。

これは日本での話でクンダリニーとも直接は関係ありませんが、屋根から落ちて一週間くらい熱が下がらず、そのあと回復したら超能力者になっていた人の話を聞いたことがあります。

この人は習わぬのに自然と梵字らしきものを書いたり、千里眼《せんりがん》的な力があって、一種の教祖さま扱いになったそうですが、人格は芳《かんば》しくなく、人のものに手をつけるなどして困る。一体この人は本当に偉い人なのかどうか、という相談を受けたのです。

軍荼利明王

仕組みはよくわからないですが、人格が陶冶《とうや》されなくても生理的に何かの拍子にこういう能力が開花することはあるようです。

クンダリニーの話はさておき、軍荼利明王には怨敵降伏《おんてきごうぶく》や障難《しょうなん》を退ける力のほかに、除病《じょびょう》の効験《こうげん》がとくに期待されてきたようです。戦争中は復員祈願の願掛《がんか》けというものも密《ひそ》かにされたようです。

「お国のために死んできます」などといっても、もとより一つしかない命です。本当に死にたい人はいません。人として無事に帰還したいのは誰でも同じことでしょう。

また、宝部の尊である故に、増益《ぞうやく》の祈願にも修せられます。

また、日本では、千葉県鹿野山《かのうざん》の神野寺《じんやじ》や山梨県の軍刀利神社《ぐんだりじんじゃ》のように、ヤマトタケルの信仰と習合《しゅうごう》しているものもあるようです。

特筆すべきは、毘那夜迦《びなやきゃ》（常随魔《じょうずいま》）と呼ばれる悪魔たちを支配するとされることで、このため聖天信仰はこの明王と密接な関係にあります。

たびたび言及している「聖天信仰」ですが、これはインドの象頭人身の神ガネーシャ信仰の日本版です。インド人が経営するインド料理店などに普通にお祀りされていますが、インドでもお地蔵さんのように街角で普通に見るポピュラーな神さまです。

ただし日本の密教においては、毘那夜迦たちの首領という面が強調され、その魔性を十一面観音が抑《おさ》えるべく女天《にょてん》に変化して、男天《なんてん》と女天の夫婦が相抱《あいいだ》いて立つという、他に類例のない尊像が祀られます。

効験が優れているものの怖い神さまと考える人も多く、ご利益は欲しいが祟《たた》ると怖いというので敬遠する人や、逆に熱烈に信仰してやまない人もいるなど、独特の雰囲気が聖天信仰にはあります。

軍荼利明王は、その聖天さまの眷属《けんぞく》（従者）である毘那夜迦の魔性を抑える力があるといわれていて、聖天さまの行法ではよく真言が唱えられます。また、聖天信徒に与えられる経本にも軍荼利明王の真言が見られることが多いものです。

軍荼利明王は、独尊《どくそん》としてはあまり祀られないものの、その真言は密教行法では最も多く使われます。

まず、「弁事《べんじ》明王」として供物《くもつ》や道場や壇上を浄《きよ》めるには必ず使います。弁事というのは、いってみれば、修法の進行係や世話役のような意味です。

また「結界《けっかい》明王」として、本尊に追従して道場にやってくる悪魔を祓《はら》うのにも、この明王の印《いん》言《ごん》（印と真言）を用います。

まず、いずれの修法でも使われる地結《ちけつ》、金剛墻《こんごうしょう》、虚空網《こくうもう》、火院界《かいんかい》などといったさまざまな道場を護る十重・二十重の結界があるのですが、これらはすべて軍荼利明王の印言なのです。

結界明王は金剛部なら降三世明王、蓮華部なら馬頭《ばとう》明王（馬頭観音）、仏部は不動明王か無能《むのう》勝《しょう》明王の印言を用いますが、軍荼利明王は三部に通用して結界をなす結界明王の代表格です。

仏に悪魔がついてくるというのはとても不思議ですが、悪魔も仏の徳を慕《した》うので、ついてくるのです。しかし、これは修法の邪魔にならぬように結界して締《し》め出しておきます。

さらに大結界といって最もパワフルな「金輪仏頂《きんりんぶっちょう》」という仏の修法では、五百由旬断壊《ごひゃくゆじゅんだんね》といって周囲の他の修法は悉《ことごと》くその力を失うとされますが、この明王の印言を用いればそれさえも防げるとします。

さらに、密教の基礎中の基礎である「護身法《ごしんぼう》」の中の被甲護身《ひこうごしん》という法で用いるのも、この明王の印言です。被甲の「甲」とは甲冑《かっちゅう》、ヨロイのことですが、それは軍荼利明王の甲冑なのです。軍荼利明王はお姿の上では甲冑など身には着けておらず半裸形ですが、インドではどの神さまにも「神のつける甲冑」があるという信仰があり、密教では軍荼利明王のそれが強調されるのです。甲冑は梵語で「カバチャ」といいますが、密教の甲冑真言「オン・キャバシャ・ウン」の中のキャバシャは、このカバチャのことです。

軍荼利明王の甲冑の本質は「大慈大悲《だいじだいひ》」の心であり、敵対してくるものに対し憎悪などではなく大慈悲心をもって対すれば、それはただちに自分を護る甲冑になるのだと考えるのです。

この明王には、そういう極めて強力な防御の力があります。

軍荼利明王真言＝オン・アミリテイ・ウンハッタ

大威徳明王《だいいとくみょうおう》——怨敵《おんてき》を退《しりぞ》ける

五大明王の一尊である大威徳明王には、「降閻魔尊《ごうえんまそん》」という異名があります。これは「冥界の王・閻魔を降《くだ》す（征服する、打ち負かす）者」という意味で、梵語ではヤマーンタカといいます。

冥界の王・閻魔を打ち負かすくらいの恐ろしい明王ですが、古来、戦勝祈願の仏として、もっとも珍重されてきました。

また、五大明王は、降三世明王が「天魔《てんま》」を、軍荼利明王が「常随魔《じょうずいま》（毘那耶迦《びなやか》）」を……というように、降伏《ごうぶく》する魔物の種類がそれぞれ違うのですが、大威徳明王は「人魔《じんま》」と呼ばれる悪人を降伏する尊です。

そのご祈祷もそれらしいものがあり、たとえば「頓成降伏法《とんじょうごうぶくほう》」では、十六種の武器の印をもって悪人を降伏するものです。

また「降伏護摩《ごま》」は、三角の炉《ろ》を護摩壇につくって、棘《いばら》や毒の木で護摩を焚《た》くものです。天下に反乱などが起きると、時の政府の要請で、昔は盛んにこれらをおこなったようです。

すなわち、この明王は、「降伏法」の典型的な本尊です。

「戦勝祈願」というのはイメージからしておよそ仏教らしからぬことですが、大乗《だいじょう》仏教では明確に護国《ごこく》思想があり、横暴な侵略者から国を護ることは否定されていません。

殺されてもいいからこちらは決して攻撃してはいけない……などというのは、はっきりいって、個人の思想としてありえても、大乗の考えではありえません。昆虫のような存在でも殺されそうになれば、到底叶わないまでも戦おうとします。「徹底して非暴力」というと聞こえはいいですが、そのような考えを人に強要することは、おとなしくそのまま死ねというようなものです。

もちろん、あくまで〝護《まも》り〟であって、他国を攻めることはあってはならないと思います。

ノーベル平和賞に輝くダライ・ラマ法王猊下《げいか》がいらっしゃったチベットでさえも、中国共産党の理不尽な侵略行為には、ある程度は武力であらがったのです。残念ながら乗っ取られてしまいましたが、理不尽な侵略行為に断固立ち向かう態度を示すことは、決して間違いではないはずです。

さらに注目すべきは、このチベットという小さな国の悲劇を、どこの国も救おうとしなかったことです。

だから私は、我が国でよく耳にする「自衛隊をなくしてしまえ、武器はすべて破棄してしまえ」というような考えには、到底同調できません。

これは施錠《せじょう》などの家のセキュリティをすべてはずしてしまえというのをはるかに超えた、おかしな考えです。

この考えは、密教を待たずとも『金光明最勝王経《こんこうみょうさいしょうおうきょう》』『妙法蓮華経《みょうほうれんげきょう》（法華経）』『仁王般若経《にんのうはんにゃきょう》』などにみられ、これらは護国の経典として奈良時代より大切にされてきました。

最近は「鎮護国家《ちんごこっか》」などというと、何か軍国主義的で前時代的な感じにとる人がいるようですが、

大威徳明王

これは大きな間違いです。天災もなく国家が安泰であることは、周辺諸国と事《こと》を構えず、攻めもしなければ攻められもしないことであり、そのまま世界の平和にもつながる、平和思想です。

「天下泰平《てんかたいへい》、四海安穏《しかいあんのん》」ということです。それがわからない過激派などが、その鎮護国家のための御修法《みしほ》に反対して寺院を焼くなどの暴挙を

おこなうのは、実に人として幼稚な所業《しょぎょう》であり嘆かわしい限りです。

国家には国家のそれぞれの事情や思惑《おもわく》があると思います。

国防の備えは備えとしておいて、隣国にどんな国があってもそれがなくならない以上は、最終的には話して折り合いをつける。これが何より大事です。

いたずらにお互いが民族を敵視し、不信感を募《つの》らせると大きな不幸に発展します。こころせねばなりません。

大威徳明王はまた、もろもろの毒龍《どくりゅう》を降伏するとされています。

さらに、悪夢を見た時にこの明王の真言を唱えれば、それが正夢《まさゆめ》にならず雲散霧消《うんさんむしょう》する功徳《くどく》があるといわれます。

大威徳明王のお姿を見ていきましょう。

大きな特徴としては、水牛に乗ること。そして、六面六臂六足であることです。

五大明王の中では最も異形《いぎょう》の明王といえましょう。

この六面は、輪廻《りんね》の世界である地獄《じごく》、餓鬼《がき》、畜生《ちくしょう》、阿修羅《あしゅら》、人間、天上の「六道《ろくどう》」を表わします。

六臂は、布施《ふせ》、持戒《じかい》、精進《しょうじん》、忍辱《にんにく》、禅定《ぜんじょう》、智慧《ちえ》の「六波羅蜜《ろくはらみつ》」を表わします。六波羅蜜は菩薩の代表的修行法です。

さらに六足は如来の持つ他心通《たしんつう》、天眼通《てんげんつう》、天耳通《てんにつう》、宿命通《しゅくみょうつう》、神足通《じんそくつう》、漏尽通《ろじんつう》の「六大神通《ろくだいじんづう》」を表わしています。

またがっている水牛は、水陸両方をよく行く動物であり、これによって迷いの海から悟りの岸にやすやすと上がることができる功徳を表わしています。

つまりは、菩薩行によって悟りの岸に行く姿が、そのまま大威徳明王ということになります。

なお、チベット密教の大威徳明王は「ヴァジュラ・バイラヴァ（金剛怖畏《こんごうふい》）」と呼ばれ、水牛に乗らない代わりに顔そのものが水牛で表現されています。

大威徳明王は、五大明王の中では不動尊についで信仰を集めました。阿弥陀如来《あみだにょらい》の教令輪身です。そして文殊菩薩《もんじゅぼさつ》の忿怒形ともいわれます。

大威徳明王真言＝オン・シッチリキャラロハ・ウンケン・ソワカ

金剛夜叉明王《こんごうやしゃみょうおう》——煩悩を喰《くら》いつくす

金剛夜叉明王も五大明王のメンバーです。梵名はヴァジュラ・ヤクシャ。意味は文字通り、「金剛なる夜叉」です。

五つの目を持つ、類例のないお顔の明王です。三面六臂につくられることが多いようです。

この明王は、愛染明王とともに『瑜祇経《ゆぎきょう》』に登場します。

もちろんほかにも、この尊独特の儀軌《ぎき》もあります。五大明王の中では最深秘《さいじんぴ》の明王で、五大明王を一時《いちじ》（同時、一斉《いっせい》）に祈る五壇《ごだん》の修法では、金剛夜叉明王の修法は熟練した阿闍梨《あじゃり》が担当することになっています。また、金剛夜叉明王法は、単独で修する場合は諸流ともに秘法に数えることが多い法です。

一説に、四十歳より前にはこの法は修することは許さず、それも柔和《にゅうわ》な人でないといけないとされています。

大体この考えは明王全体にいえることで、不動明王の行者などというといかにも荒々しい人のほうがふさわしいように思いますが、むしろ柔和でないと感応道交《かんのうどうこう》した時にさらに忿怒の心が起きるので、未熟な行者は心をうまくおさえきれぬこともあるものです。

そこで古来、柔和の行者を良しとします。私なども若い頃は、行者ともあろうものは怖い顔でないと迫力に欠けると思っていたら、師匠にこの点を注意されて、「始終怖い顔などしているのは自信のない者のやることで、見苦しいことだ。言動も顔も柔和をもってしなくてはいけない」と教えられました。

後年、知る人ぞ知る山に籠《こも》るある禅僧にお会いした時にも、「仏教者は柔和でないといけない」と同じことを聞かされました。この方は、花園大学の学長でもあられ直心陰流《じきしんかげりゅう》の剣術をおさめられたという臨済宗《りんざいしゅう》の高僧、大森曹玄《おおもりそうげん》先生のお弟子に当たるそうです。

また、それだけ明王は効験が早く確かであることも、行者に柔和さが必要である理由だと思います。

金剛夜叉明王

特に金剛夜叉明王は、末世《まっせ》にその働きを増す明王として天台密教の書『渓嵐拾葉集《けいらんじゅうようしゅう》』に紹介されています。

この明王に近い存在に、「青面金《しょうめんこん》剛《ごう》」があります。一名「青面金剛夜叉明王」といい、我が国では庚申《こうしん》信仰と習合しています。

庚申信仰とは、庚申《かのえさる》の日の夜に、すべての人の体の中にいるという

「三尸《さんし》の蟲《むし》」が体から抜け出て天界へ行き、その人のおこないを天界の神さまに告げ、それによって寿命などが決まるというので、寝ないで精進《しょうじん》しながら三尸の蟲を見張るという信仰です。江戸時代に禁止されるほど流行《はや》ったといいます。そしてその淵源は中国の竈《かまど》信仰にあるといいます。

この青面金剛も、末世に働きを増大させるといいます。

金剛夜叉明王の持ち物は金剛杵と金剛鈴、弓と矢、輪宝《りんぽう》と刀で、各々上から息災《そくさい》、敬愛《けいあい》、降伏《ごうぶく》の功徳を表わします。なお、青面金剛にも、全く同じ持ち物を持つ尊像もあります。

この明王の働きを表わす三昧耶形《さまやぎょう》は変わっていて、「摩竭魚《まかつぎょ》」があげられます。摩竭魚は伝説の大魚で、船をも飲み込むといいます。この明王は煩悩・不浄をドンドン飲み込むので、この摩竭魚を三昧耶形にしているといいます。

古来、ものの不浄には烏枢瑟摩明王《うすしまみょうおう》が相応《そうおう》であり、心の不浄である「煩悩魔」を除くのは金剛夜叉明王が相応といいますが、私はよく癌《がん》などの悪性の病気のご祈祷には、金剛夜叉明王のご真言で祈ります。摩竭魚のように悪いものをガバッとそっくり食べてもらうためです。

「金剛夜叉」の名の通り、夜叉や阿修羅などの暴悪の姿をとった仏が明王なのです。このため、降三世明王や軍荼利、大威徳といった明王にも「降三世夜叉明王」「軍荼利夜叉明王」「大威徳夜叉明王」などのように夜叉の名をつけて呼ぶことがあります。

金剛夜叉明王は、北方羯磨部《かつまぶ》の不空成就如来《ふくうじょうじゅにょらい》（お釈迦さまと同体とされる如来）の教令輪身です。菩薩としては金剛牙《こんごうげ》菩薩に当たります。

金剛夜叉明王真言＝オン・バサラヤキシャ・ウン

烏枢瑟摩明王《うすしまみょうおう》――万能の力

一般的には「ウスサマ、（烏枢沙摩）明王」という名称のほうが知られているかもしれませんが、私は「ウスシマ、（烏枢瑟摩）明王」という名称のほうが馴染《なじ》み深いため、本書でもこちらの名称を使用させていただきます。梵名はウッチュシュマ。これはインドの火の神アグニの別名でもあるそうです。

よく、ものの本に、「天台宗の寺門《じもん》派（現在の天台寺門宗）では、五大明王には金剛夜叉明王ではなく烏枢瑟摩明王を加える」と、しめしあわせたように書いてありますが、天台寺門宗の総本山である三井寺《みいでら》（園城寺《おんじょうじ》）にはそうした構成の五大明王の影像はないようですし、柴燈護摩《さいとうごま》などで五大明王に対して唱える文言でも、「北方金剛夜叉明王……」と唱え、烏枢瑟摩明王の名は唱えません。

歴史的にみれば、金剛夜叉明王の代わりに烏枢瑟摩明王が加えられていたこともあったのかもしれませんが、現在は特にそういうことは見当たらないようです。

ただし烏枢瑟摩明王は、金剛夜叉明王と非常によく似た性格であることは間違いありません。烏枢瑟摩明王も金剛夜叉明王と同様、お釈迦さま（不空成就如来）の化身であるとします。

さて、この明王は、香港《ほんこん》や台湾《たいわん》でとても人気があります。ただし烏枢瑟摩明王という名称ではなく、別名の「穢跡金剛《えしゃくこんごう》」が名称として定着しています。

台湾における穢跡金剛（烏枢瑟摩明王）への信仰は、不動明王への信仰をはるかにしのぎます。あちらで明王といえば、まず、穢跡金剛のことをいうようです。

その名の通り、不浄を除く明王として知られていて、前に紹介した不動明王がお釈迦さまの涅槃のおり、大自在天を連れに来た話では、降三世明王が踏み殺す前に実はこの明王が登場しています。

大自在天は不動明王が入れないように城の周りに排泄物や汚物を化現《けげん》して踏み込めないようにしました。すると不動明王は烏枢瑟摩明王の身となって不浄物をすべて食べつくしてしまったといいます。

それでよくトイレの神さまとしてお祀りされるようです。最近ではトイレをきれいにすると金運が上がるという俗信から大変に人気で、この間も荒物屋《あらものや》に入ったら可愛らしい金属の漫画チックな烏枢瑟摩明王が売られていました。

すっかりトイレの神さまになってしまった烏枢瑟摩明王ですが、実は非常に多くのご利益《りやく》があります。

まず、魔障降伏《ましょうごうぶく》は明王の常ながら、その他にも安産や子宝祈願、子供の夜泣き止め、樹木霊《じゅもくれい》の祟りを除く、除病、敬愛など実に盛りだくさんです。

また性病や痔など下《しも》の病に効験があるとされています。

私の知人で、痔でしたが烏枢瑟摩明王の真言を熱心に唱えて、それが治ってしまった例を知っています。

面白いのは「変成男子法《へんじょうなんしほう》」で、妊婦さんのおなかの赤ちゃんの性別を、この明王を拝んで左右すること

烏枢瑟摩明王

ができると信じられてきました。

また中国の道教《どうきょう》の影響からか、この明王には多くの霊符《れいふ》が存在します。この霊符の法も天台方《かた》では秘法とされています。

この明王は歴史的には、もともとインドの火の神アグニの性格がモデルになっているとされるところから、「火頭金剛《かずこんごう》」の別名があります。

頭が火炎のごとく逆立っているというより、これは激しい色欲の表現と思われます。首楞厳《しゅりょうごん》呪《しゅ》という陀羅尼《だらに》によってこの明王はそれを克服したとされます。首楞厳呪は一名「女除け」の陀羅尼ともいわれ、美男だった仏弟子の阿難尊者《あなんそんじゃ》が、阿難尊者に片想いする女性・摩登伽女《まとうがにょ》のかけた魔術を打ち破ったのも、この陀羅尼といわれています。

したがってこの明王の真言もまた、淫欲《いんよく》消滅の効果があると思われます。

性の問題は単に道徳だけで割り切れない、難しい面もあります。

私が小僧時代に師匠がこんな話をしたことがあります。あるご夫婦で旦那さんがかなりやり手の事業家なのですが、女性関係がまた華やかであり、それが奥さんの悩みの種でした。そこで奥さんが旦那さんの浮気封じをしてもらいたいと祈願を依頼されてきたのでした。

師がいうには、「ご主人の活力の源はどうも女性関係にあると見た。家庭のある男性がそのようなことではもちろん良いわけはないが、もしそれを止めれば仕事のほうも振るわなくなるかも……」。

するとで奥さんは、それでは困るのでその祈願はやはり取りやめてほしい、といわれたそうです。りっしんべんに生きると書いて「性」ですから、人間に限らずその生き物が元気であれば当然、繁殖の欲は強くあるものでしょう。

人間には道徳というものがありますから、別にこの男性の肩を持つわけではないのですが、品行方正に見えても、実際はただ活力のないだけの人というのもいます。

初期の仏教教団は性に対し、相当厳しい見解を持っていました。「四波羅夷罪《しはらいざい》」といって、異性と交われば教団からは追放です。

それでも、性欲を断つために自ら去勢した仏弟子を、お釈迦さまは「お前は勘違いをしている」といって教団から追放してしまったといいますから、つまりお釈迦さまは、性欲自体を目の敵にしていたのではないということです。

烏枢瑟摩明王の姿は三面八臂、一面六臂、一面四臂など、儀軌《ぎき》によりさまざまな尊像があります。

烏枢瑟摩明王真言＝オン・クロダナ・ウンジャク

大元帥明王《たいげんみょうおう》——護国の祈り

大元帥明王は、ダイゲンスイミョウオウと読みたくなりますが、正しくはタイゲンミョウオウで、「大」はダイではなくタイと濁《にご》らず、また「帥」の字は読まないことが通例になっています。

この大元帥明王の法は、天台方《かた》には相承されていません。真言宗においても弘法大師はこの法は持ち帰っておらず、弘法大師よりあとの時代に常暁律師《じょうぎょうりっし》が入唐《にっとう》して持ち帰ったといいます。

この人は京の小栗栖《おぐるす》で拾われた孤児であったため「小栗栖の常暁」と呼ばれています。

入唐前に常暁が秋篠寺《あきしのでら》で井戸を覗《のぞ》くと、見たこともないくらい恐ろしく威厳のある神の姿が見えたといいます。その後、彼が唐の国に渡り大元帥明王を見て、初めて井戸の中の神はこの明王であったと知ったという伝説があります。

常暁以前にも日本から霊仙《れいせん》という高僧がやはり入唐しています。弘法大師や伝教大師と同じ時期に唐に渡りました。唐の国では皇帝にその非凡さが愛《め》でられ、霊仙は留学生として初めて訳《やっ》経《きょう》に携《たずさ》わり、皇帝から三蔵法師《さんぞうほっし》の諡号《しごう》を受けます。彼はこの大元帥明王の法を日本に持ち帰ろうとしましたが叶わず、残念ながら毒殺されてしまったといいます。

何故ならこの大元帥明王の法は天下不二の敵国降伏の大法であり、今でいえば核兵器なみに怖れられた存在だったからです。常曉は唐に渡り幸運にも霊仙の遺弟にあってこの法を得ることができました。

大元帥明王法といえば、第一に戦勝祈願です。平時は鎮護国家ということになりましょう。平《たいらのまさかど》将門の乱や元寇《げんこう》などにもこの法が修されました。

大元帥明王

宮中では鎮護国家の秘法として長く大切にされました。

しかし、明治期になってそれも途《と》絶《だ》えてしまったといいます。

明治維新などというと手放しにいかにもすべてが一新されて良くなった印象がありますが、反面、中国の文化大革命と同じようなもので日本古来のよいものが数多く葬り去られたのもまぎれもない事実です。

特に宗教的伝統は、西洋のキリスト教に見習おうとしてそのほとんどが様変わりして廃止したものも多くありました。修験道《しゅげんどう》や宮中の御修法《みしほ》、神仏習合《しんぶつしゅうごう》など日本の宗教文化の重要なものが根こそぎ取り払われ、驚いたことに明治政府は神道《しんとう》のアマテラスオオミカミのみを残す一神教的な形にしようともくろんでいたのですから、あきれてものがいえません。

西洋文化が良いとなるとそれこそ猫も杓子《しゃくし》もそれに変えてしまえという、我々日本人にもどうもそういう極端というか軽率な欠点があるようです。

しかしながら、第二次大戦中には再びこの大元帥明王の修法で戦勝祈願をおこなうよう、全国の密教寺院に政府より指示が出されたそうです。

一説には米国のルーズベルト大統領はこの明王の降伏法にかかって亡くなったのだという噂話もあります。

確かに昔なら敵国の王を倒せば戦は勝ちでしょうが、近代国家は合議制ですから、勝手が違います。今までの大統領がいなくなれば次の大統領が引き継ぐだけです。つまり大元帥法の敵国のイメージは、基本的に侵略をたくらむ王や皇帝などの独裁者がいる時代の考えなのでしょう。

一面六臂、五面八臂などの像容があり、八面十六臂という凄い姿もあります。

この明王は元々は毘沙門天《びしゃもんてん》の配下の八大夜叉《はちだいやしゃ》のひとりアータヴァカ夜叉でしたが、どういうわけか単独で信仰を集めて、天部である毘沙門天を超えて明王部の仏にまで格上げになりました。

なお、大元帥明王の梵名は、夜叉時代の名を取りアータヴァカで、この梵名がしばしば「阿吒《あた》縛迦《ばか》」などと音写されます。

密教経典ではないのですが『宝星陀羅尼経《ほうしょうだらにきょう》』には、早くも夜叉大将として登場し、象、羊、午、猿の顔の夜叉を率いてお釈迦さまを護ります。『宝星陀羅尼経』によれば、彼は、お釈迦さま以前、七十一劫《こう》もの時をさかのぼり過去七仏《かこしちぶつ》の筆頭である毘婆尸仏《びばしぶつ》の兄弟であり、彼とともに修行したが願って仏陀とはならず、常に夜叉大将となって鬼神や動物のために法を説くという誓願を起こしたとあります。

この誓願を起こして、ことさらに鬼神のすがたを現わすというところに、すでに明王の思想が見えます。もろもろの明王も鬼神の姿ですが、これは明王の境涯（境地）が低いのではなく、悟りの智慧から鬼神の姿をことさら必要として現わしているのであり、それこそが明王という存在だからです。もし、そうでなければただの鬼神にすぎないことになります。

この考えは日本の権現《ごんげん》信仰と全く一緒です。多くの権現が不動明王の化身とされますが、そこには同一の思想が息づいているのです。

それでも、京都の醍醐寺《だいごじ》の理性院《りしょういん》では、この修法がされる時には、毘沙門天の軸《じく》を掛けるといいます。明王に位があがっても、やはりかつての主（毘沙門天）の縁《えん》は大切なのでしょう。

この明王は、儀軌では戦勝祈願以外にも実にたくさんの功徳が説かれていますが、修法が国家主導でおこなわれた経緯があって、結局は民間には限定された信仰にとどまったようです。

仏画では、「釈迦曼荼羅」にこの明王が描かれます。

この明王の本地は、お釈迦さまとされています。

大元帥明王真言＝ノウボ・タリツ・タボリツ・ハラボリツ・オン・シャキンメイ・シャキンメイ・タラサンダン・オエンビ・ソワカ

馬頭明王《ばとうみょうおう》——忿怒《ふんぬ》の観音

一般には馬頭観音といわれ、胎蔵曼荼羅でも観音院におわしますが、どう見ても普通の観音とは異なるイメージの仏さまです。

胎蔵曼荼羅でのお姿は赤い身色で三面二臂、いずれも忿怒のお顔で頭上に馬頭を戴き、輪王座《りんのうざ》の姿勢で表わされます。この赤い体は儀軌では日の出の赤さなのだといいます。ただし、彫像としては二臂でなく八臂でつくられる例が多く、立像《りゅうぞう》も少なくありません。

明王としては『大妙金剛大甘露軍拏利焔鬘熾盛仏頂経《だいみょうこんごうだいかんろぐんだりえんまんしじょうぶっちょうきょう》』において、降三世・大威徳・大《だい》笑《しょう》・大輪《だいりん》・無能勝《むのうしょう》・不動・歩擲《ぶちゃく》に加えて「八大明王《はちだいみょうおう》」の一尊に数えられます。別名「大力持明王《だいりきじ》」ともいいます。

観音としては畜生道《ちくしょうどう》を救済する六観音の一人です。

諸観音中、最も呪術的イメージの濃い存在といってよいでしょう。

本来はこの馬頭を戴くのは、仏教的にはちょうど馬が草を食べるのに余念ないように煩悩を取り除く功徳を表わしたもので、そのために「噉食金剛《たんじきこんごう》」あるいは「迅疾金剛《じんしつこんごう》」の別名もあります。

実際この明王を祈ると、その効験は実に早いものがあり、驚かされることがあります。

この尊の原型はインド神話のハヤグリーヴァといわれるヴィシュヌ神の化身であるといいます。ハヤグリーヴァはヴィシュヌが寝ている間に口から洩《も》れたヴェーダの聖句を持ち逃げした悪魔を捕らえるために、ヴィシュヌ自らが化身して現わした姿です。

この話は、仏教で、お釈迦さまのお舎利《しゃり》（ご遺骨）を持って逃げた捷疾鬼《しょうしつき》という夜叉を、足が速いことで知られる韋駄天《いだてん》という神さまが追いかけていき、たちまち追いついて取り返した話を彷彿《ほうふつ》とさせます。

たぶん、モデルとなった話なのではないでしょうか。

このインド神話のハヤグリーヴァは、全くの馬頭人身（頭上に馬頭を戴くのではなく、顔がそのまま馬の顔で、身体は人間）で、四臂で表わされます。

ヴィシュヌ神にはこのハヤグリーヴァをはじめ多くの化身があり、インドではお釈迦さまもその一つとして崇敬されています。

ちなみに馬頭明王（馬頭観音）の梵名もインド神話そのままにハヤグリーヴァです。

儀軌的には特に動物の守護者という記述はありませんが、六観音の信仰からか、日本では牛馬の守護、最近はペット供養などで祀られることが多いようです。

こうした動物への想いは古くよりあり、私の住む神奈川県にも、関東管領《かんりょう》であった上杉定正《うえすぎさだまさ》が愛馬「月影《つきかげ》」の供養のため建てた七沢観音寺《ななさわかんのんじ》があります。七沢観音寺では今もそれにちなみ動物の供養や健康祈願もしていると聞きました。

また、テレビドラマなどでよく出てくる「犬公方《いぬくぼう》」徳川綱吉《とくがわつなよし》は、天下の悪法「生類憐《しょうるいあわれ》みの令《れい》」を出した人間として知られますが、海外では動物愛護の最古の法令であるとして、欧米などではその一面が改めて評価されてきています。

当時、東京の中野には野犬を集めて面倒を見る広い施設もあったということです。

動物が亡くなってペット霊園などに行くと、純粋に動物の死を悼《いた》む人しか来られていませんので、よく斎場《さいじょう》で酒を飲んで酔っ払って大声でゲラゲラ笑ったり、何事《なにごと》かでいい争うのもよく見かける人間さまの葬儀と引き比べ、いつも大変すがすがしく、かえって心洗われる思いがします。人間の葬儀も是非そうありたいものです。

密教的には馬頭明王は、増益、敬愛、息災、降伏の四つの修法にわたってご利益や守護がいただける頼もしい存在です。

馬頭明王（馬頭観音）

馬頭明王の真言によって「加持《かじ》」したお菓子（真言を唱えて、その力を込めたお菓子）を人にあげると、その人と仲良くなれるといいます。もし好きな人や友だちになりたい人がいたら、そういうお菓子を用意し、プレゼントしてみてはいかがでしょうか。

この明王を教令輪身として考えた時、自性輪身は阿弥陀如来、正法輪身は観音菩薩ということになります。

ちなみに、関東の修験霊場として名高い栃木県の日光《にっこう》は、もともとの地名は「二荒《ふたら》」で、それは観音菩薩の浄土「補陀落《ふだらく》」に由来するものでした（日光は二荒の音読みに別の字を当てたもの）。日光は、それほど観音信仰と関わりの深い土地なのです。

そして日光の地で信仰されている「日光三所大権現《にっこうさんじょだいごんげん》」の本地は、男体山権現《なんたいさんごんげん》が千手観音、女峰《にょほう》山権現《さんごんげん》が阿弥陀仏、太郎山権現《たろうざんごんげん》が馬頭明王（馬頭観音）とされています。つまり日光には、蓮華部の自性輪身、正法輪身、教令輪身がそろっているわけです。

太郎山権現は馬頭明王の化身ですが、本地が馬頭明王というのは習合思想では比較的珍しい例です。


馬頭明王真言＝オン・アミリトドハバ・ウンハッタ

金剛童子《こんごうどうじ》――修験の秘尊《ひそん》

金剛童子は、お名前に「明王」という語はつきませんが、明王に属するとされます。青童子、黄童子の二種類があり、青童子は金剛手《こんごうしゅ》菩薩の化身、黄童子は阿弥陀如来の化身といわれます。

これは各々《おのおの》、不空三蔵《ふくうさんぞう》訳『聖迦抳忿怒金剛童子菩薩成就儀軌経《しょうかにふんぬこんごうどうじぼさつじょうじゅぎききょう》』と金剛智三蔵《こんごうちさんぞう》訳の『仏説無《ぶっせつむ》量寿仏化身大忿迅倶摩羅金剛念誦瑜伽儀軌法《りょうじゅぶつけしんだいふんじんくまらこんごうねんじゅゆがぎきほう》』を典拠とします。前者は六臂、後者は二臂像を説きますが、青童子はその身色が「吠瑠璃《べいるり》色（ラピスラズリの色）」とされるので青童子とはいうものの、一説にはこの吠瑠璃は「琥珀《こはく》」のことだといいますから、だとすれば、やはり黄色い体色が本儀なのかもしれません。

主に修験道で重きを置かれる明王で、当山方修験道《とうざんかたしゅげんどう》（真言宗系修験道）を統括する醍醐寺《だいごじ》には、恵印法流《えいんほうりゅう》といわれる修験独特の七壇にわたる独特な加行《けぎょう》を行う流儀があり、その中には「金剛童子法」が入っています。こちらは不空訳の儀軌による六臂像です。

これに対し本山方修験道《ほんざんかた》（天台宗系修験道）では、金剛智訳にもとづく二臂像による修法が、園城寺《おんじょうじ》（三井寺《みいでら》）の秘法とされており、特に最深秘《さいじんぴ》の尊として重要視されています。

しかし、園城寺に青童子の法がないかといえばそんなことはなく、黄童子法とともに青童子法も伝法灌頂《でんぽうかんじょう》の前に必ず修さないといけないものとされています。園城寺の伝法灌頂は古来極めて重いものとされ、「勅会《ちょくえ》」として天皇陛下の勅命をもっておこなう形式でした。

園城寺は比叡山同様に天台密教の伝統により、俗に真言宗で金胎両部《こんたいりょうぶ》と呼ばれる金剛界、胎蔵界だけでなく「蘇悉地《そしつじ》」を入れた三部の密教思想を伝えます。園城寺ではこの金剛童子を、「蘇悉地」における最重要の尊としています。これは金剛童子を「悉地金剛《しつじこんごう》」というためだと思いますが、これは園城寺独特の捉え方です。

「蘇悉地」の典拠とされている『蘇悉地羯羅経《そしつじからきょう》』というお経の伝承は真言宗にもありますが、

こちらは別に部を立てずに胎蔵部に摂《せっ》するようです。もっとも、思想としての「蘇悉地」と『蘇悉地羯羅経』の内容は、必ずしも同一のものでないといわれています。

園城寺は黄色という色に特色があり、秘仏で国宝の金色不動明王画像は「黄不動」といわれていますが、条帛《じょうはく》がなく、日輪を背負うなど像容が普通の不動尊とは異なります。ひょっとするとどこかに黄金剛童子の意味合いが込められているのかもしれません。

金剛童子の信仰は、修験道ではしばしば「蔵王権現《ざおうごんげん》」の信仰と同一視されます。

蔵王権現（正しくは「金剛蔵王大権現《こんごうざおうだいごんげん》」）は、黄童子像によく似た二臂像で、右足を上げ右手に金剛杵、左手に剣印《けんいん》を結びます。黄童子は逆に左足を上げ、左手に金剛杵を持ちます。しかしながら蔵王権現像にはこの黄童子と同じスタイルのものも存在し、両者の関係は密接です。ただし蔵王権現の場合は身色は青黒色につくることがほとんどです。吉野《よしの》の蔵王堂（金峯山修験本宗《きんぷせんしゅげんほんしゅう》）には三体の極彩色の巨大な尊像があり、全国の蔵王権現信仰の中枢になっています。

この三体は過去仏の釈迦如来、現在仏の千手観音、未来仏の弥勒《みろく》仏をそれぞれ本地とします。特に中尊は七メートルを超える圧倒的な大きさです。

蔵王権現は修験道の開祖である役行者《えんのぎょうじゃ》が大峰山《おおみねさん》の山上ヶ嶽《さんじょうがたけ》で末法相応《まっぽうそうおう》の守護神として拝み出したとされ、今でも大峰山寺《おおみねさんじ》の建っているところは、蔵王権現が出現した湧出岩《ゆうしゅついわ》を中心にした聖地とされています。

ほかにも蔵王権現信仰は全国各地にあり、愛媛県の石鎚山《いしづちさん》、長野県の御嶽山《おんたけさん》、宮城県の蔵王、東京都青梅《おうめ》の武蔵《むさし》御嶽山《みたけさん》、鳥取の三徳山《さんとくざん》三仏寺《さんぶつじ》などの聖地が有名です。

真言方《かた》ではこの蔵王権現をそのまま「金剛童子法」で拝みます。

一方、天台方《かた》では「蔵王権現法」と「金剛童子法」は別に存在します。

金剛童子（黄童子）

また金剛童子としては栃木県古峰ヶ原《こぶがはら》がこの尊の聖地とされ、ここは日光修験道の峰入り修行のルートであり、そのために日光修験道では金剛童子は極めて重要な尊格とされます。

日光修験道では毎年九月にこの古峰ヶ原を経由して一晩かけて中禅寺《ちゅうぜんじ》湖畔《こはん》の中禅寺に至り、柴燈護摩を焚き、火定《かじょう》三昧《ざんまい》修行（火渡り）をするという修行が毎年おこなわれています。

私も何回か参加させていただきましたが、コースが長い上に不眠で夜間歩くため、眠くて大変です。

古峰ヶ原における金剛童子の尊容は二臂ですが、岩座に立ち金剛杖を持つ独特のスタイルです。また、「金剛童子」の名は蔵王権現信仰ではむしろ眷属《けんぞく》である「大峰《おおみね》八大金剛童子」のこととされていて、「八大金剛童子」は山形県の出羽三山の修験道においても大変重要な存在とされています。

「八大金剛童子」はいわゆる不動尊の眷属として知られる「八大童子」すなわち矜羯羅《こんがら》童子、制吒迦《せいたか》童子、慧光《えこう》童子、慧喜《えき》童子、阿耨達《あのくだ》童子、指徳《しとく》童子、烏倶婆伽《うくばか》童子、清浄比丘《しょうじょうびく》のことではなく、修験道で生まれた、検増《けんぞう》童子、護世《ごせ》童子、虚空《こくう》童子、剣光《けんこう》童子、悪除《あくじょ》童子、香精《こうしょう》童子、慈悲《じひ》童子、除魔《じょま》童子の八尊で、まったく別の存在です。

しばしば蔵王権現や役行者、不動明王、天川弁財天《てんかわべんざいてん》などの大峰山系の神仏とともに「吉野曼荼羅」に描かれています。

金剛童子法は『行林抄《ぎょうりんしょう》』などの記載では金剛部最勝《さいしょう》の尊といわれ、お産や除病、除魔のほか、怨敵降伏の本尊として珍重されました。

興味深いことに園城寺の塔頭《たっちゅう》には、江戸末期に金剛童子を本尊とする修法において書かれた、「黒船退散《くろふねたいさん》」の表白《ひょうびゃく》（祈願の趣旨などを述べた文言）が残っています。

金剛童子真言＝オン・キャニドニ・ウンハッタ

第七章

不動信仰について質疑応答

ここでは、不動信仰におけるさまざまな疑問に答えていきたいと思います。

家の宗派と不動信仰

うちはお不動さまを信仰しないという宗派の檀家《だんか》です。お不動さまを信仰するのは良くないでしょうか？

お不動さまを全く信仰しない宗派もありますから、その宗派の仏壇にお不動さまを祀《まつ》るのはやめるべきでしょう。

ただし、今の皆さんの家の宗派というのは、その多くが江戸時代の「宗旨人別帳《しゅうしにんべつちょう》」という戸籍をつくる時に、時の行政から割り当てられたものですから、信仰上の根拠は希薄なのです。

今日、自分の家の宗派を深く信仰している人というのは、あまりいないでしょう。自分の家が何宗か知らないという人も少なくありません。もちろん、自分の家の宗派にあくまで沿《そ》いたいと思う方もおいでと思いますが、そういう方にはもとよりこういう質問はないものと思います。

ですから、仏壇の形態や葬儀・法事などの様式は、家の宗派にしたがうべきと思いますが、個人的な信仰としてお不動さまを仏壇とは別にお祀りすることは、一向にかまわないと思います。

お不動さまを祀ると罰が当たるとか先祖が浮かばれなくなると誰かにいわれたとしても、それはただの迷信ですから、気に掛ける必要は少しもありません。

お礼《れい》参《まい》りについて

> ある有名な祈願寺《きがんじ》（ご祈祷《きとう》専門のお寺）のお不動さまに、願掛《がんか》けに行きました。おかげで祈願が叶いましたが、そこは遠方で、おいそれとは行かれません。お礼参りは近所のお不動さま（を祀っているお寺）にお参りしてすませてもよろしいでしょうか？

この考えには矛盾があります。それならあなたは祈願する時も、なぜ近くのお不動さまにしなかったのでしょう？

それは、遠くてもそこにはご利益《りやく》があるという特別な思いがあったからこそでしょう。つまり、祈願する時はお不動さまに区別があったのです。なのに〝願《がん》ほどき〟（お礼参り）は同じお不動さまだから近所でよいのでは、というのはおかしいですね。

同じお不動さまでも、皆、それぞれが縁《えん》によって分かれています。祈願が叶うというのは、いいかえれば、そのご縁を頂《いただ》いているということです。すぐに行かれないにしても、祈願したところへお礼に行かなければ、筋が通りません。

神さまとして祀ってよいか

今までお不動さまを神さまだと思って、家の神棚《かみだな》にお祀りしていました。神棚ではお灯明《とうみょう》はあげますが、お線香はあがりません。また、柏《かしわ》手《で》を打ったりしています。このままではいけないでしょうか？

お不動さまを神さまだと思うことは、必ずしも間違いではありません。神仏習合《しんぶつしゅうごう》がおこなわれていた時代には、「権現《ごんげん》信仰」といって、仏が神として祀られていました。お不動さまが神さまとしてお宮《みや》に祀られることもあったのです。ただし、お不動さまは本来は仏さまであるという認識を持った上でお祀りすれば、よりいいでしょう。

こういう神道《しんとう》形式でお不動さまをお祀りする場合は、ご真言《しんごん》をお唱えすればよいでしょう。

祀り方の形式は、「神さまだからこう」「仏さまだからこう」と、あまりこだわらなくても大丈夫です。

ただ、理想をいえば、お不動さまにはお不動さま専用の祭壇《さいだん》があれば、一番いいでしょう。

仏の「位《くらい》」は気にするべきか

聖天《しょうでん》さまのお札《ふだ》をお祀りしていますが、このたび縁あってお不動さまのお札を頂きました。お不動さまは明王なので聖天さまより位が上と聞きましたが、今までどおり聖天さまのお札が真ん中で、お不動さまのお札はその横においてもいいでしょうか？

構いません。普通、如来・菩薩・明王・天の順に位が高いとしますが、密教ではどなたが中心でもいいのです。裏を返せば最も信仰を寄せている存在、それが即《そく》あなたにとって至高の仏である大日如来《だいにちにょらい》なのです。

すべての信仰は縁によるもので、実際、そうした仏の位による優劣は関係ありません。頂けるご利益も、優劣・大小なく、同じです。

仏画や仏像の開眼《かいげん》について

お不動さまが好きで仏画・仏像を集めていますが、開眼などはしていません。したほうがよいでしょうか？

これは、なぜ集めているのかによります。ただ美術品として集めているのなら、開眼は無用です。しかし、きちんと拝むなら、やはり開眼供養はしたほうがいいでしょう。その場合は、基本的には一体だけにすべきです。信仰対象で同じものは複数必要ないですから。

お札《ふだ》とお像

お不動さまのお札をお祀りしていますが、お像をお祀りするほうが功徳《くどく》がありますか？　お像は扱いが難しいでしょうか？

お札はあなたの祈願に特化したお不動さまの徳を込めたものです。お像はその徳をすべて表現したものです。したがって祈願というだけなら、お札で十分です。

お像はいわばお不動さまそのものにおいでいただくようなものです。ですからお像をお祀りするというなら、祈願にかかわらず、全面的にお不動さまへの信仰を生涯にわたって続けていきたいと思った段階で、初めて祀るべきです。ご利益欲しさにお像を祀るのは、過ぎた考えです。

伝授を受けずに「印《いん》」を結んでよいか

よりお不動さまに近づきたいので、ものの本などを見て密教の護身法《ごしんぽう》の印などを結んでいますが、それは良くないという人がいます。やめたほうがいいのでしょうか？


やめるべきです。密教の印などの修法《しゅほう》は、師僧から正式に伝授されていないなら、やってはいけないものなのです。伝授を受けていないのにやると、効験《こうげん》がないばかりか、「越法《おっぽう》」という宗教上の罪になり、功徳を傷つけます。

密教の修法の伝授を受けたければ、そういうことを相談できそうな密教寺院を探してみることです。

また、こういった密教の所作《しょさ》は、単なる習い事とは違い、仏道修行の志《こころざし》を前提としており、祈願が叶いやすくなるといった「おまじない」の類《たぐい》ではないことを肝《きも》に銘《めい》じる必要があります。

お札《ふだ》と方位について

お不動さまのお札をお祀りするのに、適切な方位などありますか？


本来、お不動さまが守っている方位は、「南西」です。この方位はインドでは最も凶意《きょうい》が強く、羅刹《らせつ》の方位といわれ恐れられていますが、我が国でも裏鬼門《うらきもん》に当たります。

裏を返せばこういう恐ろしい方位の守護者がお不動さまですから、いかなる方位でもお祀りに差し支えはないといえましょう。

お供物《くもつ》について

お不動さまにお供《そな》えしていいもの・悪いものはありますか？

お不動さまは仏さまですから、肉や魚のような、いわゆる「生臭《なまぐさ》もの」はお供えできません。

お不動さまのためにわざわざそういうものを用意しても、喜ばれはしません。

お菓子や果物やご飯などはいいでしょう。

お酒は、考え方次第ですが、神道の様式にならって、あげているところも多いようです。

霊感について

私は霊感があるのか、よく霊が見えたり、感じたりして怖い思いをします。お不動さまにおすがりすると防げますか？　お経をあげたりすると霊が来るのであげてはいけないという霊能者の方もいるのですが、どうなのでしょう？

ただそういうものを怖れてすがるというのでなく、まず自分がお不動さまと一体の感じになれるように、よくご真言をお唱えすることが大事です。お経も怖々とか蚊の鳴くような具合であげていてはいけません。朗々とあげましょう。そうすれば必ず力になっていきます。そうすることで自分の周囲が浄化されていきます。またその観念をしっかり持つことが大事です。

自称霊能者などという者の中には、大体が仏教の素人でありながら、つじつまのあわぬ一知半《いっちはん》解《かい》なことをいうような者も多いので、注意しなくてはいけません。

大体、何かにつけ恐ろしげなことしかいわないような者には、真の霊覚者《れいかくしゃ》はなく、そういう人間を頼っても、いいことなど何もありません。

喪《も》中《ちゅう》にお不動さまを拝んでよいか

家に不幸があったら、神棚は四十九日の喪が明けるまで拝まないといいますが、お不動さまは拝んでいいのでしょうか？

お不動さまは、神さまのように祀られることもありますが、仏さまなのです。とりわけ「十《じゅう》三仏《さんぶつ》信仰」では、初七日《しょなのか》の本尊をお不動さまとしますから、拝んでいけないわけがありません。

十三仏の筆頭に来るのがお不動さまです。大いに拝んでください。よく故人の業《ごう》を焼き尽くして浄化してくれることでしょう。これは冥福に大いに役立ちます。

儲《もう》けがないのはなぜか

不動信仰をしながら自営業をしておりますが、ひところは売り上げがとても良かったのに、最近すっかり儲けがありません。何かしら、知らずにお不動さまを怒らせているのでしょうか？　信仰する気力も失せました。

いくら信仰をしているとはいえ、人生は順調な時ばかりではありません。状況が良くないと、神仏が見離したとか、ご利益がなくなったなどと迷いがちですが、四六時中いつも良いことずくめなどということのほうが、ありえないのです。

祖師や大師といわれるような高徳の僧侶でも、時に応じていろいろ難儀《なんぎ》はあるものです。逆境の時は、お不動さまも歯を食いしばって応援してくれているのだと考え、精進すべきです。

お不動さまは、何か面白くないのでへそを曲げて意地悪をするような、つまらぬ方ではありません。愚かな疑いを持たず、前を向いて、お不動さまと二人三脚で人生を歩んでください。

いじめる奴をギャフンといわせたい

お不動さまには「怨敵退散《おんてきたいさん》」の功徳があると聞きました。会社で酷《ひど》いいじめにあっています。お不動さまに頼んで相手をギャフンといわせたいのですが？

お気持ちはわかりますが、たとえギャフンといわせても、それであなたにとって事態が良くなるとは限りません。かえって面白くない腹いせに八つあたりされるかもわかりません。

そういうことは措《お》いて、困った事態をそのまま、お不動さまに率直にお伝えして「どうか、なんとかしてください」といえばいいのです。

あるいは余裕があれば、「この体験で私に必要なことを、どうか教えてください」といいましょう。お不動さまから、なんらかの答えがあると思います。

ただし、その答えを知るには、安閑《あんかん》と事態の終息を待つというのでなく、まず積極的にお不動さまからのメッセージを見出し、キャッチするという気持ちでないと、とらえることはできないかも知れません。

付録　不動明王の簡単な拝み方――お経と真言

①礼《らい》拝《はい》

南《な》無《む》大《だい》聖《しょう》不《ふ》動《どう》明《みょう》王《おう》（合掌し、上のご宝号《ほうごう》を三遍から七遍唱える）

②読《ど》経《きょう》

仏《ぶっ》説《せつ》聖《しょう》不《ふ》動《どう》経《きょう》

爾《に》時《じ》大《だい》会《え》　有《う》一《いつ》明《みょう》王《おう》　是《ぜ》大《だい》明《みょう》王《おう》　有《う》大《だい》威《い》力《りき》　大《だい》悲《ひ》徳《とく》故《こ》　現《げん》青《しょう》黒《こく》形《ぎょう》　大《だい》定《じょう》徳《とく》故《こ》　座《ざ》金《こん》剛《ごう》石《せき》
大《だい》智《ち》慧《え》故《こ》　現《げん》大《だい》火《か》炎《えん》　執《しゅう》大《だい》智《ち》剣《けん》　害《がい》貪《とん》瞋《じん》痴《ち》　持《じ》三《さん》昧《まい》索《さく》　縛《ばく》難《なん》伏《ぶく》者《しゃ》　無《む》相《そう》法《ほっ》身《しん》　虚《こ》空《くう》同《どう》体《たい》
無《む》其《ご》住《じゅう》所《しょ》　但《たん》住《じゅう》衆《しゅ》生《じょう》　心《しん》相《そう》之《し》中《ちゅう》　衆《しゅ》生《じょう》意《い》想《そう》　各《かく》各《かく》不《ふ》同《どう》　随《ずい》衆《しゅ》生《じょう》意《い》　而《に》作《さ》利《り》益《やく》　所《しょ》求《ぐ》円《えん》満《まん》
爾《に》時《じ》大《だい》会《え》　聞《もん》説《せつ》是《ぜ》経《きょう》　皆《かい》大《だい》歓《かん》喜《ぎ》　信《しん》受《じゅ》奉《ぶ》行《ぎょう》

（右のお経を好きなだけ読み上げる。『般若心経』などを加えてもよい。あるいは、読経を略してもかまわない）

③ 真言念誦《しんごんねんじゅ》

《不動明王　慈救呪《じくじゅ》》

ナマク・サマンダバサラナン・センダマカロシャナ・ソワタヤ・ウンタラタ・カンマン

《不動明王　火界呪《かかいじゅ》》

ナマク・サルバタタギャテイビヤク・サルバモッケイビヤク・サルバタタラタ・センダマカロシャナ・ケン・ギャーキギャーキ・サルバビキナン・ウンタラタ・カンマン

《不動明王　一字呪《いちじしゅ》》

ナマク・サマンダバサラナン・カン

（右の三種類の真言のすべて、もしくはいずれかを選び、百遍から千遍唱えることが望ましい。念誦の修行ではなく礼拝としてなら、三遍でも可。これらのほか、次のような真言も、適宜必要に応じて唱えるとよい）

《不動明王　残食呪《ざんじきしゅ》》

ナマク・サマンダバサラナン・タラタアモキャ・センダマカロシャナ・ソワタヤ・ウン・タラマヤ・タラマヤ・ウンタラタ・カンマン

（不動明王に食を供養する際に唱える真言であるが、霊の障礙《しょうげ》などにも効果がある）

《不動明王　加護住所真言《かごじゅうしょ》》

ナマク・サマンダバサラナン・タラタアモキャ・センダマカロシャナ・ソワタヤ・サルバビキナン・ママソワシャチ・センチシバンメイ・アサラトウ・クロ・タラマヤ・タラマヤ・ウンタラタ・カンマン

（自分の住んでいる場所を結界《けっかい》し、悪環境から護ってくれる真言）

④回向《えこう》

願《ねが》わくはこの功徳《くどく》を以《もっ》て普《あまね》く一切《いっさい》に及《およ》ぼし、我《われ》らと衆生《しゅじょう》と皆共《みなとも》に仏道《ぶつどう》を成《じょう》ぜんことを。

（一回の修行の終わりに、右の回向文《えこうもん》を唱えること）

あとがきにかえて ——普通の心を大切に

本文でもふれましたが、大乗仏教で最も大事なのは、普通の人の持つ心です。

悲しければ嘆き、
楽しければ笑い、
時には腹を立てたりもする。
そういう心を大事にしたい。

「それじゃ普通の人と同じでしょ」と、あなたはいうかもしれない。

でも、そうなんです。能面のような顔になって聖人ぶってみても、あるいは悟ったような賢者の顔して能書き垂れたり、腹が立っても歯を食いしばって我慢、欲しいものも欲しくないふり、すべては世のため、人のため。自分の損得なんかは勘定に入れない。……私って偉いでしょ？

でも、そんなことしたって、どうなることでもないんです。

すぐに化けの皮がはがれるのが我ら凡夫《ぼんぷ》です。

そしてその凡夫のための宗教が大乗仏教であり、究極的には密教です。

じゃあ、煩悩は野放しですか？

そうじゃありません。でも、闇雲に敵視し否定したって、煩悩といわれるものは実は我々が生きるために必要な、なくてはならないものでもあります。

それをまず、あるがままに見つめることから始めなければ、すべてがニセモノになるというのです。

あるがままを見つめることは、本当の自分を知ることです。

密教の代表的な経典『大日経』では、「如実知自心《にょじっちじしん》」といって、まずそこが一番大事なのだといいます。

皆さんが、どうかお不動さまとともに勇気を奮い、自らの本当の心を旅して、真実の自分に出会えることを祈ってやみません。

平成二十八年 五月 吉日

羽田 守快

羽田 守快（はねだ・しゅかい）

1957 年（昭和 32 年）、東京都に生まれる。駒澤大学文学部心理学コース卒。学生時代より修験道、密教の門をたたき今日に至る。現在、総本山園城寺学問所員、天台寺門宗「金翅鳥院」住職。密教祈祷、密教占星術、心理セラピーなどを融合して信徒の育成に当たっている。
著書に『般若心経を知りたい』『密教占星術大全』（以上・学研）、『近世修験道文書』（共著・柏書房）、『修験道修行入門』『修験道秘経入門』（以上・原書房）、『秘密瑜伽占星法』『天部信仰読本』（以上・青山社）、『あなたを幸せにみちびく観音さま』『読むだけで不動明王から力をもらえる本』『あなたの願いを叶える 最強の守護神 聖天さま』『あなたを必ず守ってくれる 地球のほとけ お地蔵さま』『あなたの人生を変える 龍神さまの《ご利益》がわかる本』『未来を開く不思議な天尊　荼吉尼天の秘密』（以上・大法輪閣）など多数。

著者ブログ：https://blogs.yahoo.co.jp/hukurousennninn

読《よ》むだけで　不動明王《ふどうみょうおう》から力《ちから》をもらえる本《ほん》

2016 年 8 月 15 日　初版第 1 刷発行
2023 年 3 月 31 日　初版第 8 刷発行

著　者	羽　田　守　快
発行人	石　原　俊　道
印　刷	三協美術印刷株式会社
製　本	東京美術紙工協業組合
発行所	有限会社 大 法 輪 閣

〒 150-0022 東京都渋谷区恵比寿南 2-16-6-202
TEL（03）5724-3375（代表）
振替　00160-9-487196 番
http://www.daihorin-kaku.com

ISBN978-4-8046-1386-4　C0015